感悟工匠精神
引领技能成才

主　编◇兰宏鲜　曹礼静

副主编◇曹向容　李思祺　邹立霞

参　编◇赖明燕　王健华　陈　曦
　　　　陶小玲　张文静　于　跃　吴国毅
　　　　黄准生　夏忠严　周其军　杨　达
　　　　张家瑜　雷灵娟　刘　佳

重庆大学出版社

图书在版编目（CIP）数据

感悟工匠精神　引领技能成才 / 兰宏鲜，曹礼静主编. -- 重庆：重庆大学出版社，2024.12. -- ISBN 978-7-5689-4742-8

Ⅰ. K820.7

中国国家版本馆CIP数据核字第20250PG107号

感悟工匠精神　引领技能成才

兰宏鲜　曹礼静　主编

策划编辑：王晓蓉

责任编辑：文　鹏　　版式设计：王晓蓉

责任校对：谢　芳　　责任印制：赵　晟

*

重庆大学出版社出版发行

出版人：陈晓阳

社址：重庆市沙坪坝区大学城西路21号

邮编：401331

电话：（023）88617190　88617185（中小学）

传真：（023）88617186　88617166

网址：http://www.cqup.com.cn

邮箱：fxk@cqup.com.cn（营销中心）

全国新华书店经销

重庆金博印务有限公司印刷

*

开本：787mm×1092mm　1/16　印张：12.75　字数：236千

2024年12月第1版　2024年12月第1次印刷

ISBN 978-7-5689-4742-8　　定价：39.00元

前 言 QIANYAN

在新时代背景下，中职生作为国家技能人才的重要后备力量，正处在人生观、价值观形成的关键时期。他们既需要掌握一定的职业技能，也需要培养良好的职业素养和道德品质。在这个过程中，感悟工匠精神、引领技能成才显得尤为重要。

本书共五章，内容贴近新时代，与中职生成才息息相关。

第一章"匠在九天"，带领中职生领略那些在航天、航空等高科技领域辛勤耕耘的工匠如何以卓越的技艺和不懈的追求，将一个个航天梦想送上九天之巅。他们精益求精、追求卓越的精神，正是工匠精神的生动体现。通过了解这些匠人的奋斗历程和卓越成就，中职生将深刻领悟到工匠精神在国家科技发展中的重要地位和价值，激发他们探索未知、勇攀科技高峰的梦想。

第二章"匠在大地"，关注那些在建筑、农业等基础领域默默奉献的工匠。他们脚踏实地，用智慧和汗水浇筑着祖国的繁荣昌盛。通过了解这些匠人的工作和生活，中职生将领悟到工匠精神在国家建设中的巨大作用和价值，激发他们投身基础行业的热情和决心。本章将引导中职生树立正确的职业观念，关注民生需求，追求卓越品质，为社会做出积极贡献。

第三章"匠在工艺"，带领中职生领略传统工艺与现代工艺的完美结合，让他们感受到工匠如何将技艺与艺术融为一体，创造出令人叹为观止的工艺品。通过了解这些匠人的创作过程和心路历程，中职生将深刻领悟到工匠精神在工艺传承和创新中的重要作用。本章将激发中职生的审美情趣和创造力，培养他们对传统工艺的热爱和保护意识。

第四章"匠在民生"，关注那些在日常生活中为我们提供各种产品和服务的一线工匠。他们以精益求精的态度和追求卓越的精神，不断提升产品品质和服务水平，为我们的美好生活贡献着自己的力量。通过了解这些匠人的工作故事和心声，中职生将深刻领悟到工匠精神在提升民生福祉中的重要意义和价值。本章将引导中职生树立正确的职业观念，追求卓越品质，为社会做出积极贡献。

第五章"匠在传承"，讲述一代代匠人如何将精湛技艺和敬业精神薪火相传的故事。通过了解这些传承的过程和传承人的心路历程，中职生将深刻领悟到工匠精神在国家文化传承和发展中的重要作用和价值。同时，他们也将认识到自己在传承工匠精神中的重要使命和责任。本章将激发中职生的文化自信和民族自豪感，引导他们树立正确的价值观和人生观。

总之，本书紧密结合职业教育现状和中职生成才的需求，通过生动有趣的故事、案例和实践探索，帮助中职生深入了解工匠精神的内涵与价值。我们相信本书将成为中职生学习成长的良师益友，引领他们走向技能成才的道路，为建设美好的未来贡献自己的力量。同时，我们也希望本书能够激发更多人对工匠精神进行关注和思考，共同传承和发扬这一宝贵的民族精神财富。

编　者

2024 年 8 月

目 录

CONTENTS

第一章　匠在九天

　　高凤林、崔蕴、洪家光、阎敏四位大国工匠分别来自不同的领域，这些领域的发展情况及未来发展趋势如下。

　　高凤林所在的航天领域：随着科技的不断进步和全球竞争的加剧，航天领域的发展越来越受到重视。未来，航天技术将继续在国家安全、科学研究、气象观测、通信技术等方面发挥重要作用。同时，商业航天领域也将得到快速发展，私营企业将更多地参与航天器的制造和发射，为人类探索太空提供更多的机会和可能性。

　　崔蕴所在的航空工业领域：航空工业是高度复杂和技术密集型的产业，未来的发展趋势将集中在技术创新、数字化转型、环保和可持续发展等方面。随着新材料、新工艺、智能制造等技术的广泛应用，航空器的性能将得到进一步提升，同时航空工业将更加注重环保和可持续发展，开发更加高效和环保的航空器。

　　洪家光所在的机械制造业领域：机械制造业是国民经济的基础产业，未来的发展趋势将集中在智能化、数字化、自动化等方面。随着工业 4.0 和智能制造的推广，机械制造业将更加注重数字化转型和智能化升级，以提高生产效率和产品质量。同时，随着新能源、新材料等新兴产业的发展，机械制造业将面临新的发展机遇和挑战。

　　阎敏所在的导弹武器系统领域：导弹武器系统是国家安全的重要保障，未来的发展趋势将集中在精确制导、智能化、多功能化等方面。随着科技的不断进步，导弹武器的制导精度和智能化水平将得到进一步提升，同时导弹武器系统将更加注重实战应用和快速响应能力，以满足国家安全的需求。

　　综上所述，高凤林、崔蕴、洪家光、阎敏四位大国工匠所在领域的发展情况及未来发展趋势都离不开科技创新和数字化转型，未来的发展将更加注重智能化、自动化和环保可持续性等方面。

第一节　金手天焊，筑梦中华

-------------------- 高凤林

▌人物简介▐

　　高凤林，男，汉族，1962年3月生，河北东光人。1980年进入航天科技集团一院211厂（以下简称"211厂"）工作。1996年被授予"中央国家机关十杰青年"称号，1997年荣获"全国十大能工巧匠"称号，2006年荣获中国高技能人才"十大楷模"称号，2007年被授予全国五一劳动奖章，2009年获国务院政府特殊津贴，2014年荣获全国高端技能型人才培养实践教学二等奖，2014年荣获德国纽伦堡国际发明展金奖三项。现为特种熔融焊接工、国家高级技师、211厂火箭发动机焊接车间班组长。

　　高凤林在工作中敢闯敢试，坚持创新突破，将无数次"不可能"变为"可能"。在焊接第一线甘于奉献、埋头苦干，在国家最需要的时刻迎难而上，在平凡的岗位上，做出了不平凡的成绩。其对航天事业的热忱和忠诚，在炽热的弧光照耀下越发闪亮。外资企业曾以高薪和解决住房等条件聘请，他都不为所动；有许多次可以提拔的机会，高凤林也都放弃了。他始终认为，他的根在焊接岗位上。

人物故事

刚迈出校门的高凤林，走进了人才济济的火箭发动机焊接车间氩弧焊组，跟随我国第一代氩弧焊工学习技艺。为了练好基本功，他吃饭时习惯拿筷子比画着焊接送丝的动作，喝水时习惯端着盛满水的缸子练稳定性，休息时举着铁块练耐力，更曾冒着高温观察铁水的流动规律。渐渐地，高凤林日益积攒的能量迸发出来。高凤林在工作中敢闯敢试，坚持创新突破，将无数次"不可能"变为"可能"。某型号发动机组件，生产合格率仅为 35%，型号需求半年时间拿出大批量合格产品。该产品采用的是软钎焊加工，而高凤林的专业是熔焊，这是一次跨专业的攻关。高凤林从理论层面认清机制，在技术层面把握关键。他跑图书馆，浏览专业技术网站，千方百计搜寻国内外相关资料。每天，高凤林带领组员在 20 多平方米的操作间进行试验，两个月里试验上百次，厘清了两种材料的成因机理，并有针对性地从环境、温度、操作控制等方面反复改进，最终形成的加工工艺使该产品的合格率达到 90%。

高凤林人物故事

2014 年，在德国纽伦堡国际发明展上，一名来自中国的技术工人同时获得三项金奖震惊了世界：他就是高凤林。外资企业为高凤林精湛的技艺所折服，向他抛出了橄榄枝，许以丰厚的待遇和荣耀。高凤林答道："我相信航天事业发展了，工资待遇一定会赶上、超过你们，至于荣耀嘛，你说它能有我们制造的火箭把卫星送入太空荣耀吗？"

高凤林是央视《大国工匠》节目播出的第一人，我国长三甲系列运载火箭、"长征五号"运载火箭的第一颗"心脏"，也就是氢氧发动机喷管，都在他手中诞生。37 年来，他先后为 90 多发火箭焊接过"心脏"，占我国火箭发射总数的近四成；先后攻克了航天焊接 200 多项难关。

大喷管在惊险中诞生

20 世纪 90 年代，为长三甲系列运载火箭设计的新型大推力氢氧发动机的大喷管的焊接一度成为研制瓶颈。火箭大喷管延伸段由 248 根壁厚只有 0.33 毫米的细方管组成，全部焊缝长达 900 米，焊枪多停留 0.1 秒就有可能把管子烧穿或者焊漏。在首台大喷管的焊接中，高凤林昼夜奋战一个多月，腰和手臂都麻木了，每天晚上回家都要用毛巾热敷才能减轻痛苦。凭借着高超的技艺，高凤林攻克了烧穿和焊漏两大难关，成功焊接出第一台大喷管。

随后的 X 光检测却显示，大喷管的焊缝有 200 多处裂纹，面临被判"死刑"的命运。高凤林异常镇定，他从材料的性能、大喷管结构特点等方面展开分析，最终判断出：裂纹是假的。经过剖切试验，在 200 倍的显微镜下显示，所谓"裂纹"，确实只是焊漏与方管壁的夹角所造成的假象。就此，第一台大喷管被成功送上试车台，这一新型大推力发动机的成功应用，使我国火箭的运载能力得到大幅提升。

此后，在为长三甲系列火箭焊接第二台氢氧发动机的关键时刻，公司唯一的一台真空退火炉发生炉丝熔断，研制工作陷入停滞时期。要想恢复设备运转，必须有人从窄小的炉口缩着肩膀钻进去，将炉丝重新焊接在一起。那时正值盛夏，炉内氧气本就稀薄，焊接时还要输送氩气进行焊接保护，情况十分凶险。高凤林忍着长期加班导致的胃痛，主动要求钻炉抢险，三进三出，前后近两个小时，成功地焊好炉丝，真空炉恢复了运转。高凤林由此被业内誉为"金手天焊"。

应对疑难杂症妙手回春

随着高凤林远近闻名，国内外同行遇到棘手难题也来向他求助。一次，我国从俄罗斯引进的一种中远程客机发动机出现裂纹，很多权威专家都没有办法修好，俄罗斯派来的专家更是傲慢地断言，只有把发动机拆下来运回俄罗斯去修，或者请俄罗斯的专家来中国才能修好。高凤林被请到了机场，看着这个瘦弱的年轻人，俄罗斯专家仍然明确地说："你们不行，中国专家谁也修不了！"高凤林通过翻译告诉俄方专家："你等着，我十分钟之内就能把它焊好！"焊完后，俄方专家反反复复检查了好几遍，面带微笑地对高凤林竖起了大拇指。

2007 年 9 月，在"长征五号"研制的关键时刻，发动机内壁在试车时出现烧蚀。现场专家焦灼地向高凤林求援，高凤林带着助手赶到现场。操作台 10 米开外就是易燃易爆的大型液氢储罐，脚下是几十米深的山涧，故障点无法观测，操作空间异常狭小，仅能硬塞一只手臂进去，高凤林只能凭借多年的操作经验"盲焊"。最终，在夜晚来临前，他成功地排除了故障，被发动机总设计师称为"通过了国际级大考"。

真正的国际级大考发生在 2006 年。11 月底，诺贝尔奖得主丁肇中教授的秘书辗转找到高凤林，由于世界 16 个国家和地区参与的 AMS-02 暗物质与反物质探测器项目在制造中遇到了一个大难题，希望他前往解决。探测器用的是液流氦低温超导电磁装置，将搭乘美国最后一班航天飞机"奋进号"到国际空间站上执行探测任务。此前已经来了国内外两拨"顶尖高手"，但因为工程难度巨大，该项目实施方案一直没能得到国际联盟总部的认可。在论证会上，高凤林介绍了自己的设计思路，得到各方专家赞赏。会后，高凤林又花费几天的时间，把思路完善成一个创新设计方案，该方案终于通过了国际联盟总部的评审。

连续熬夜一个月攻克难关

"连续熬夜最长的一次将近一个月，每天到凌晨 5 点左右，为了国家 863 计划的一个项目，26 个难关，需要一个个攻克。"高凤林被同事称为不吃不喝的"骆驼"，是"和产品结婚的人"。为了攻克难关，他常常不顾环境危险，直面挑战，为此多次负伤，如鼻子受伤缝针；头部受伤，三次手术才把异物取出；而胳膊上黄豆大的铁销，由于贴近骨头，至今无法取出。

"不仅会干，还要能写出来指导别人干。"高凤林著有论文 30 多篇，每年授课 120 多课时，听众达上千人。在操作难度很大的发动机喷管对接焊中，高凤林研究产品的特点，灵活运用所学的高次方程公式和线积分公式，提出了"反变形补偿法"进行变形控制，这一工艺获得了国家科技进步二等奖。

> 高凤林："焊接岗位从初级到高级都有，我的方向是高级。"

案例评价

高凤林很平凡。普通家庭出身，毕业于普通技校，从事最普通的焊工，他在一个单位勤勤恳恳工作了 38 年，车间不变，工种不变。以中国之大，这样的人一抓一大把。

高凤林很不平凡。虽是焊工，却是制造火

箭"心脏"的焊工，我国"长三甲"系列运载火箭、"长征五号"运载火箭的氢氧发动机喷管，都诞生于他手。诺贝尔奖得主丁肇中的秘书曾辗转找到他帮忙，目的是解决 AMS-02 暗物质与反物质探测器项目中遇到的制造难题。此前，这个项目国内外两拨"顶尖高手"都没有拿下，而他的创新设计方案经国际联盟总部评审通过，他真不愧是大国工匠。

> 高凤林："我希望能够把技术传承下去，让更多的人能够掌握这门技术，为国家的航天事业做出更大的贡献。"

人物引领

一个普通的"90后"电焊工，让中国技术工人的名字第一次铭刻在职业技能界"奥林匹克"赛事的丰碑上。他叫裴先锋，是中国石油第一建设公司（以下简称"一建"）第三工程处 313 工程队电焊技师。

2011 年，21 岁的裴先锋来到英国伦敦，在第 41 届世界技能大赛上一路过关斩将，摘得"焊接项目"银牌，实现了这一赛事中国人零奖牌的突破，向世界展示中国"大国工匠"的风采。"我是菜农的孩子。"这是裴先锋常挂在嘴边的一句话。1990 年，裴先锋出生在河南省洛阳市洛龙区李楼乡下庄村，父母以种菜为生。初中毕业以后，为减轻家庭负担，他选择了上技校，毕业后成为中国石油第一建设公司的一名电焊工。裴先锋的追梦历程，始于一个朴素的愿望："当工人，就当最优秀的工人！"

刚开始接触高难度的合金钢焊接时，焊道成形总是不好，裴先锋白天工作，晚上学习，找来专业书籍查找焊接相关资料，然后在白纸上设计焊道的形状、画焊条的方法。渐渐地，他悟出了许多门道，对熔池灭弧的方向、停顿时间、电流在每一层施焊时的大小做到了如指掌。

2008 年底，裴先锋代表公司技校队，参加中国石油在河北廊坊举办的院校组电焊技能竞赛，第一次走出洛阳。"上车前，师傅对我说，小裴，咱不光要能走出洛阳，坐上火车，还要让自己走得更远！"师傅的话始终牢记在裴先锋的脑海里。无论在一线工地，还是在竞技场上，绝不放弃、勇夺第一的信念一直激励着他。

随着我国加快从制造大国向制造强国的转型升级，涌现更多的"大国工匠"。2010 年 8 月，裴先锋被选送到中国石油最具实力的一建焊接研究与培训中心强化培训。这座焊培中心被业内誉为"中国高级焊工的孵化器"。

裴先锋非常珍惜这个机会，格外用心学习。焊道坡口规定要用扁铲和铁锤把多余的部分剔掉，铁锤砸肿了手，他一声不吭；双手磨出了血泡，他咬牙坚持；好几次仰脸焊接时，由于精力太过集中，铁水顺着棉工作服口袋往下流，衣服被点着了都浑然不觉。

"功夫不负有心人"，裴先锋的焊接技术突飞猛进。2011 年 10 月，第 41 届世界技能竞赛在英国伦敦举行，在这个代表着国际技能和技术培训顶尖水平的赛场上，首次出现中国队的身影。比赛中，中国队共参加 6 个项目，派出了 6 名选手，裴先锋是其中之一。最终，他以出色的技艺获得焊接项目银牌。

2012 年初，获奖后的裴先锋主动提出回到一建 313 工程队，投入我国西南地区第一个特大型石油化工项目——四川炼化一体化基地施工建设中。2014 年 12 月，裴先锋又主动跟着一建海外项目队去了约旦，继续用多彩的焊花照亮青春梦想。

这位年轻的中国焊工，以自己的逐梦历程诠释了专注执着、精益求精、勤奋钻研、艰苦奋斗的"匠人精神"，走出了一条当代青年技能工人职业发展之路。

> 裴先锋："不管你从事什么职业，只要你有梦想，有为实现美好生活打拼的勇气和勤奋，有为给这个社会增光添彩的努力，就不会被辜负。"

工匠知识小课堂

工匠精神的起源

中华文明辉煌璀璨，在很长一段历史时期内，世界各国对中华文明的尊崇，掀起了经久不衰的"东方热"。除了中华文化本身博大精深外，最直观的莫过于那些令人惊叹、精美冠绝的中国器物，丝绸、瓷器、茶叶、漆器、金银器等产品曾是世界各国王宫贵族和富裕阶层最受追捧的宠儿。天工开物，随物赋形。我国古代工匠把自己的一生奉献给了一门职业，执着于一件技艺，发挥着自己的聪明才智，这种精神附着于精美绝伦的作品，世代相传，不仅是中华民族宝贵的物质财富，也给中华文明打上了不可磨灭的文化烙印。

工匠精神在中国自古有之。我国工匠群体从历史时间轴的起点伊始，不断积聚着力量和惯性，凝聚着中华民族的工匠精神，一步一步跨过时间的长河，留下了令世界惊叹的造物技艺。

今天我们从各类史料记载中可以窥见古代工匠一道道坚韧的剪影。早在4 300年前，便出现了有史可载的工匠精神。相传舜"陶河滨，河滨器皆不苦窳"，记录了舜早年在河滨制陶时，追求精工细作，并以此带动周围人们制作陶器且杜绝粗制滥造的事迹。自舜帝时期开始，到夏朝的"奚仲"、商朝的"傅说"、春秋战国的"庆"，工匠开始大量出现在史书之中，其演变历史也随着我国古代政治、文化、商业、科技等领域的发展而不断推进，由此形成了我国独特的、悠久的工匠文化和工匠精神。

"工匠"一词最早指的就是手工业者，他们在古代被称为"百工"，是社会成员之一。成书于春秋末期战国初期的《周礼·考工记》是我国已知年代最久远的手工业技术文献，这本书在中国工艺美术史、科技史、文化史上有着举足轻重的地位，在当时的世界上也是独一无二的。全书共7 100余字，记述了春秋战国时期官营手工业中的木工、金工、皮革、染色、刮磨、陶瓷六大类30个工种的内容，反映了当时我国所达到的科技及工艺水平。

《周礼·考工记》把当时的社会成员划分为"王公、大夫、百工、农夫、妇功、商旅"六大类，对百工的职责做了明确界定："审曲面势，以饬五材，以辨民器，谓之百工。"也就是说工匠的职责是需要充分了解自然物材的形状和性能，对原材料进行辨别挑选，加工成各种器具供人所用，这种职业特性从本质上把工匠和那些"坐而论道"的王公区别开，工匠成为当时除巫职外的一个重要的专业阶层。同时，《周礼·考工记》记载："知者创物，巧者述之，守之，世谓之工。百工之事，皆圣人之作也"，这里将"创物"的"百工"称为"圣人"，充分体现了早期的器具设计需要非凡的智慧。此外，历代中央政府机构不一定设有农部，但一定会设有工部，这些都反映我国古代对工匠的专业性、重要性和创造性的认知和重视。

技艺精湛是生存之本，工匠的首要职责就是造物，技艺是造物的前提，也是工匠存在的第一要素。如何使技艺达到熟练精巧，古代工匠有着超乎寻常的，甚至可以说是近乎偏执的追求，他们对自己的每一件作品都力求尽善尽美，并为自己的优秀作品而深感骄傲和自豪，如果工匠任凭质量不好的作品流传到市面上，往往会被认为是他职业生涯最大的耻辱。

心无旁骛才能臻于化境，古代工匠除了对自己的技艺要求严苛外，还对之怀有一种绝对的专注和执着，达到忘我的境，这也一直是我国古代工匠穷其一生努力追求的最高境界。

物勒工名是管理之智，今天，我们开始在制造业中推进建立重要产品的追溯体系，其实我们的先辈早就采取了类似的管理制度。物勒工名，意思是把自己的名字刻在制作的器物上，是我国最早的对于工匠质量管理的规定，也可以视作我国古代的一种产品追溯办法。这种制度始于春秋时期，到秦朝时已经趋于完善，《礼记》中《月令篇》曾记载："物勒工名，以考其诚，工有不当，必行其罪，以究其情。"到《吕氏春秋》之时，对这种产品追溯办法又有了更具体和明确的记载。

此外，物勒工名考核的规范性，这个"功"也指功劳的功，功和过、奖和罚，既是考核制度规范，也体现了一种荣誉。物勒工名既是一种质量负责制的产品质量检测管理制度，更是对工匠担当和荣誉的体现。

当代社会，随着工业化进程和由此引发的城镇化进程，不仅创造出企业和城市这样大规模的社会组织形式，也创新了社会合作的方式，形成了分工协作、各负其责的生产体系和责任体系。在这个体系中，我们提出物勒工名的主要目的不在于问责，而是希望借鉴古人的智慧进行科学管理，同时也在提倡一种担当精神，我们每个人的工作效果和行为方式既要对自己负责，也要对所在的生产组织和社会组织负责，如果没有敢于负责、敢于担当的精神，根本无法保障组织的整体运转和生产效率的提升。

技之骨与匠之心，在先秦诸子中，庄子赋予"技"更深层次的意义，把人性的意识渗透进其技术思想中，认为天道美的展现是技术的本质，人之技的最高境界是以技入道。在《庄子》中，树立起许多工匠的形象，"庖丁解牛""运斤成风"妇孺皆知，在强调技艺精湛的同时，又从不同侧面把处世之道和人生哲学传达给读者，当工匠的技艺达到炉火纯青之时，是可以进入随心自由的境界的。

古代工匠最典型的气质就是对自己的技艺要求严苛，并为此不厌其烦、不惜代价地做到极致，精益求精，锱铢必较，同时也对自己的手艺和作品怀有一种绝对的自尊和自信。

工匠文化和工匠精神不仅是我国古代社会走向繁荣的重要支撑，也是一份厚重的历史沉淀。工匠的本质是精业与敬业，这种精神融入工匠的血液之中，技艺为骨，匠心为魂，共同铸就了我国丰富的物质文化现象，推动了我国古代技术的创新发展，怎么能不令人心生钦佩与敬畏。

以上内容选自《工匠精神——中国制造品质革命之魂》

习近平："要胸怀航天强国梦想，强化使命担当，加强技术创新和实践创造，不断刷新进军太空的中国高度。"

1. 高凤林如何看待自己手中的工作？他是否认为自己是在为祖国的航天事业做出贡献？

2. 高凤林被誉为"焊接大师"，他在焊接工作中注重什么？他的焊接技术有何独特之处？

3. 在高凤林的工作中，是否有过失败和挫折的经历？他是如何面对和克服这些困难的？

第二节　火箭总装，航天追梦

------------------ 崔　蕴

人物简介

　　崔蕴，1961 年生，1982 年参加工作，航天科技集团一院 211 厂总装事业部总体装配工，特级技师。30 多年来他一直从事长征系列运载火箭和部分重点型号产品的装配工作，先后四次荣立个人三等功，1995 年被院授予型号研制一等奖，1997 年被评为"院十佳优秀工人"，2013 年被评为"一院首席技能专家"，曾荣获"一院技术能手""航天技术能手""全国技术能手"等荣誉称号。2014 年，成立了以他名字命名的国家级技能大师工作室。每个人都只有一次生命。短短一生，能有几次与死神擦肩而过？又有几人在生死一线之后，依然能做到初心不改，牢记心中的梦想？211 厂总装事业部特级技师崔蕴，就是这样一个为了心爱的火箭出生入死、痴心不改的人，他用生命热爱航天事业，展示了一位航天老兵激情燃烧的人生。2024 年已经 63 岁的崔蕴，看起来和善、不温不火，但熟悉他的人都知道，凡事只要和火箭有关，他绝对要较真儿到底，要是影响到火箭总装的技术问题，他不惜和同事"嚷嚷一通"

甚至"打上一架"，不为别的，只为他经手的火箭都能做到完美发射。1980年，崔蕴考取了当时的211厂技校，实习结束后，表现出色的他顺利进入了火箭总装车间装配二组工作。当他第一次走进总装车间，看到魂牵梦萦的火箭时，巨大的喜悦充满了内心。崔蕴每次完成自己的工作后，都要到其他的组里去看同事干活，遇到不明白的总要问个明白。就因为这个习惯，崔蕴没少被车间领导叫去谈话。可一见了火箭，他又把什么都忘了。就这样，崔蕴很快成长起来，技能操作水平迅速提升，年仅42岁就成长为一名特级技师。他对火箭的感情，也从最初的单纯喜爱，向着更浓厚的热爱升华。

|人物故事|

"再晚1小时就肯定没命了！"

1990年7月13日，我国首枚"长二捆"火箭准备在西昌发射。就在千钧一发之际，火箭4个助推器的氧化剂输送管

崔蕴人物故事

路上的密封圈忽然出现泄漏，需要紧急排除故障。此时，火箭助推器里已经充满了四氧化二氮，这种燃料在外会烧伤皮肤，吸入肺里会破坏肺泡，使人窒息而亡。29岁的崔蕴是当时抢险队员里最年轻的一名员工，他和另一名同事是第一梯队的成员，他们戴上滤毒罐，简单地在身上洒了些防护用的碱水，就冲了上去。很快，熟悉火箭结构的崔蕴找到了"惹祸"的密封圈，按照既定方案，他用扳手拧紧传感器本体，想压紧密封圈。没想到，密封圈竟然已经被腐蚀透了，稍微一拧，里面的四氧化二氮竟像水柱一样喷出来，刹那间，液态的四氧化二氮汽化为橘红色的烟雾，舱内的有毒气体浓度急剧上升，瞬间达到了滤毒罐可过滤浓度的100倍，死亡的魔爪迅速扼住了他们命运的咽喉。为了多解决些问题，崔蕴一边强忍着痛苦，一边坚持在舱内操作，与死神赛跑。时间一分一分过去……忽然，崔蕴感到眼前一黑，他还想在晕倒前再抓紧干点什么，可终究体力不支，一头晕倒。

崔蕴被连夜送进医院抢救。此时，他的肺部 75% 的面积已经被四氧化二氮侵蚀，只剩下一小部分肺还在艰难地工作，生命危在旦夕。医生一边紧张地把解毒药注入崔蕴的身体，一边感叹："再晚 1 小时就肯定没命了！"他吸入的有毒气体太多，医书上记载的正常剂量对他根本无济于事。医生不得不冒险加大用药剂量，最后竟一直加到正常人能承受极限值的 10 倍，才把他从死亡的边缘拉回来。

"自虐"的"拼命三郎"

为了做到总装火箭"不但知其然，还知其所以然"，崔蕴常常泡在一部设计人员的实验室里。别人周末出去游玩儿，他却把业余时间用于充电，西单图书大厦的航天书架旁，他往地上一坐就是一整天，一边看一边做笔记。本就基础扎实的崔蕴，再加上有一股钻劲儿，各方面能力突飞猛进。他在车间装配一组、二组、五组、工艺组、调度组、重点型号装配组等不同岗位，都工作过，从操作到技术，再到管理，无不精通。就在崔蕴带领着第五生产组攻关某重点型号批产任务时，突然被脑血栓击倒了。还好崔蕴正值壮年，很快就康复出院。为了尽快恢复体质，更好地胜任总装工作，他开始了"自虐式"暴走锻炼法。每天晚上下班后，他要散步 4 小时。为了挑战极限，他还徒步走完了二环路、三环路和四环路，最长的一次用时 16 小时。高强度的暴走锻炼法，成功地让崔蕴的血脂降到正常范围。然而，在一次锻炼的路上，他的脑血栓疾病第二次发作。这次脑血栓发作后，崔蕴受病痛影响，在很长时间内都无法走直线，竟然要像老年人一样走路小心翼翼。崔蕴曾经以为，自己这一辈子只能在调度岗位上，看着心爱的火箭继续前行了。

为新型火箭再拼一次命

也许是崔蕴对火箭总装工作的热爱，又一次感动了老天，机会再次不期而至。

2014 年起，新一代运载火箭"长征七号"进入了关键阶段。合练、动力系统试车等各种大型试验，接踵而至。211 厂天津厂区总装厂房第一次启用，新型号、新环境、新设备，再加上一支缺乏系统总装经验的新兵队伍，要在规定时间内完成各项总装任务，面临巨大挑战，急需一个"领头羊"来担此重任，而崔蕴就是担起重任的最佳人选。2014 年 5 月，崔蕴家中卧病多年的老母亲，离开了他。崔蕴苦笑着说："说句不孝的话，老妈走了，我倒可以全身心地投入新一代运载火箭的研制工作了。"话是这样说，可又有谁知道一个孝子心里的痛苦。母亲卧病这些年，崔蕴每天不管多累，都要回到位于城里的家，就为了看一看老母亲，给她讲讲有趣的事，一直陪到母亲睡着，才悄然离开。长期紧张的超负荷工作，让崔蕴不断透支自己的身体。厂领导了解他的身体情况，常常叮嘱他要按时吃药。可工作一忙起来，崔蕴就把这些忘到了脑后。一次，"长征七号"一级动力系统试车产品进行总装，工作强度特别大，崔蕴在现场协调、指挥，并不时解决着技术问题。因为着急上火，崔蕴顾不得上升的血压、身体的不适，脸涨得通红，依然坚持在现场指挥。当所有工作圆满完成时，崔蕴几近虚脱，可是他谁也没告诉，一个人默默地回到家，简单看了下医生，稍微好转一点儿，又立马赶回了车间，像往常一样工作起来。在海南发射场演练时，按照原来现役火箭的操作流程，助推器怎么也无法与芯级正常连接，现场部队和设计人员急得不知所措，向崔蕴求助。崔蕴胸有成竹，分析道，"长征七号"的助推器比现役火箭的助推长度长很多，而且重心不稳，肯定要用新方法来装配。说着，他简单地下了几个命令，三下五除二，一个疑难问题就这样迎刃而解了。既然选择了远方，便只顾风雨兼程。与死神的交锋、与病魔的斗争，改变不了他一生的梦想。崔蕴，用执着守护心中的信仰，用生命热爱祖国的航天事业。

> 崔蕴："因为我真心的特别喜欢火箭的总装测试，没法用语言来说这个痴迷程度，真是特别喜欢这个，如果说火箭再次发生这种事，我们责无旁贷，因为我们是火箭人，这也是火箭总装人的一个情怀，也是职责。"

案例评价

几十年来，崔蕴全身心投入我国火箭研制事业中，已连续保障我国"长征五号"系列、"长征七号"系列火箭全部 11 次发射及合练任务。自"长征五号""长征七号"两型火箭首飞以来，与脑血栓抗争多年的他常常在北京、天津、海南三地间来回奔波。有时，他会借着到北京中国运载火箭技术研究院开会的机会，顺道回家看一看。每次回家，他的爱人都会用笔在日历上做记号，记录他每年屈指可数的回家日子。2015 年到 2019 年，他每年在北京家中停留的日子都不足 10 天。在人才培育方面，崔蕴坚持在生产一线中做好技术、技能的传帮带，针对总装车间队伍年轻的情况，由浅入深、手把手地教授装配操作方法和操作技能。从 1982 年入行，他带出了一拨又一拨徒弟，培养了一代又一代火箭装配人才。如今，这位平时待人和善、干起活来却较真儿到底的老师傅已经 60 岁了。眼睛有些花了，手也不如年轻人灵活，但崔蕴的一言一行、身上的工匠精神，一直激励着年青一代。

崔蕴："再过几年我就要退休了，中国更新一代的火箭 90% 以上都是新装备、新技术，要靠年轻人，中国航天才能发展。"

人物引领

徐立平是一个"航二代"。父母均是我国第一代航天工作者。母亲温荣书是我国从事火药微整形的前辈。20 世纪 60 年代，国家大搞"三线建设"，徐立平的父母先后在四川、内蒙古、陕西工作。徐立平出生后也随父母几经辗转。在父母的影响下，徐立平将老航天人的精神深深刻在了骨子里。1987 年，不到 19 岁的徐立平技校毕业后，被分配到 7416 厂固体发动机整形车间从事微雕工作。这也是母亲曾经工作过的地方。对于母亲做的这份工作的危险及确切含义，徐立平很快就深切感受到了。在车间的第一课，师傅让他们在现场看了点火实验。巨大的爆炸声、窜起的

火苗，迎面扑来的热浪以及腾起的蘑菇云，让这群刚走出校园的年轻人目瞪口呆。徐立平备受震撼，原来，母亲一直从事的就是这样伟大的工作啊。而自己今后将要跟随母亲的脚步，与危险同行。

这个岗位到底有多危险呢？我国固体火箭发动机总设计师侯晓院士曾这样说："它就像一个人去擦火柴，他每次必须擦上，但是不能擦出火星。他一旦擦出火星，后果就不堪设想。"正如章子怡在电影《我和我的父辈》中演绎的：在车间里，她说话、走路甚至连流汗都是小心翼翼的。每天上班，她都担心自己会回不来。见到这份工作的"真面目"后，有同学打了退堂鼓。而徐立平毫不退缩。他相信，只要心存敬畏之心，严格按照规范流程操作，胆大心细，就不会有危险。徐立平跟着师傅从最基本的拿刀、推刀学起。在练坏了 30 多把刀后，徐立平对于下刀的力度、角度及切削准度的掌控，达到了一刀准的程度。

在 34 年的实际操作中，徐立平一直严格按照规定去做。但是再小心，也免不了有意外发生。那次，可能是刀具不慎碰到了发动机金属壳，瞬间引起发动机剧烈燃烧。车间被烧得面目全非，和徐立平同年进厂的同事当场牺牲。这是徐立平第一次见到身边熟悉的人因这项工作丢了性命。多年过去，每次提及这次事故，徐立平都不禁哽咽。但徐立平从未知难而退。他深知，固体火箭发动机的药面整形是一项世界性难题。再精密的机器也没有人的手指灵活，有些工作，就必须靠人手的精雕细刻去完成。而他一直愿意成为这个人，"能为我国的航天事业贡献一份子，是一种荣耀。只要这个岗位需要我，我就会一直干下去"。

由于药面整形工作的特殊性，目前，我国从事火药雕刻的人员不超过 20 人，徐立平就是他们之中的领军人物。0.5 毫米，是国际通用固体发动机药面精度允许的最大误差。而经徐立平的手雕刻出来的药面，误差不超过 0.2 毫米，那是 2 张 A4 纸的厚度，切削下来的药面都可透光。但这精湛的技艺，是经历了数次磨难才练就的。

徐立平到现在还清楚地记得 21 岁冒死抢险时的场景。他回忆道："那里面太安静了，除了铲药的声音，只有心跳声在耳边响起，像雷声一样。"那是 1989 年，一台火箭发动机在试车前发现燃料面出现裂纹，试车失败，必须拨开填充好的推进剂查找原因。上级决定组建一支突击队来原地铲药，这是我国固体燃料事业第一次大规模地挖药，没有任何经验可借鉴。刚参加工作两年的徐立平，毫不犹豫地报了名。当时，发动机内充斥着浓烈刺鼻的推进剂味道，舱内空间狭小逼仄，1.8 米的徐立平只能用半跪半蹲的姿势，用木铲、铜铲一点一点地抠挖。在那种高度紧张又缺氧的环境中，待的时间长了就会头痛、呕吐。因此，每个人一次只能在舱内待上 10 分钟，挖上四五克药。而徐立平每次都尽量多待上一段时间。就这样历时 2 个多月，徐立平及其同事挖出了 300 多千克的推进剂，找到了故障原因。这次任务完成后，徐立平有了很严重的后遗症，他的双腿疼得几乎无法行走。那时，他刚结婚一年。经过很长时间高强度的康复训练，徐立平才能重返工作岗位。但是因为推进剂毒性，他头发掉了许多。还因为常年保持别扭的雕刻姿势，他的肩膀向一侧倾斜，无法矫正。还有一回，发动机药面脱粘，需要人工用木钻在舱体钻孔寻找药面脱粘部位。钻孔的过程中极易产生静电，执行这项任务的人生死一线。当时，整个工作区域只留下徐立平和他师傅。他们用木钻一圈一圈去钻开火药，一分一秒都是生死较量。幸好，把脑袋别在裤腰带上的师徒 2 人完美地完成了这项任务。作为一名火药雕刻师，徐立平犹如在刀尖上行走，想让"行走之旅"更快、更安全，刀具尤为关键。

为此，徐立平经过多次试验、改进，研发了现在的"立平刀"。这套半自动整形专业刀具的问世，让徐立平他们的工作效率提高了 4 倍。这个全世界最会玩刀的男人，将这项工作做到了极致。他用 100% 可靠、100% 成功，在火药雕刻师这个平凡的岗位上交出了完美的答卷。每当看到火箭升空的那一刻，徐立平都为自己的职业自豪。他刀锋下的成果，见证了中国航天事业发展的一次又一次的辉煌。

如今，徐立平在这个岗位上已经干了 34 年，和他同期进厂的同事大多已换岗或离开。妻子梁远珍曾半开玩笑半认真地说："为了我和孩子，你也换到一个安全点的地方去呗。"徐立平总是回答，再等等。但这一等就从青葱岁月等到了年过半百。

近年，他致力于培养出更多的专业技术骨干，他将自己所有的经验，编写成教程，毫无保留地教给徒弟。徐立平先后培养出了 2 个国家级工匠和无数国家级技师。让人欣慰的是，徐立平的团队涌现了一批"80 后""90 后"，火药雕刻师这个行业有了新的接班人。

徐立平的工作在整个航天领域并不属于高精尖科技，但他就是秉着"干一行、爱一行、专一行、精一行"的工匠精神，不断书写我国固体燃料发动机微雕的传奇。他让我们看到了平凡的力量，理解了什么是工匠精神。我想，只要我们能够倾注一生的时光与精力、执着与追求，脚踏实地把每件平凡的事做好，做到完美，做到极致，那么超越梦想就不会是一句口号。这也是我们今天谈论徐立平的意义。

> 《我和我的父辈》："燃料是点燃自己，照亮别人的东西；火箭是为了自由，抛弃自己的东西；生命是用来燃烧的东西，死亡是验证生命的东西。"

工匠知识小课堂

什么是工匠精神

从本质上讲，"工匠精神"是一种职业精神，它是职业道德、职业能力、职业品质的体现，是从业者的一种职业价值取向和行为表现。在新时代弘扬和践行"工匠精神"，须深入把握其基本内涵、当代价值与培育途径。

"工匠精神"的基本内涵包括敬业、精益、专注、创新等方面的内容。

其一，敬业。敬业是从业者基于对职业的敬畏和热爱而产生的一种全身心投入的认认真真、尽职尽责的职业精神状态。中华民族历来有"敬业乐群""忠于职守"的传统，敬业是中国人的传统美德，也是当今社会主义核心价值观的基本要求之一。早在春秋时期，孔子就主张人在一生中始终要"执事敬""事思敬""修己以敬"。"执事敬"，是指行事要严肃认真不怠慢；"事思敬"，是指临事要专心致志不懈怠；"修己以敬"，是指加强自身修养保持恭敬谦逊的态度。宋代大思想家朱熹将敬业解释为"专心致志，以事其业"。

其二，精益。精益就是精益求精，是从业者对每件产品、每道工序都凝神聚力、精益求精、追求极致的职业品质。所谓精益求精，是指已经做得很好了，还要求做得更好，"即使做一颗螺丝钉也要做到最好"。正如老子所说，"天下大事，必作于细"。能基业长青的企业，无不是精益求精才获得成功的。瑞士手表得以誉满天下、畅销世界、成为经典，靠的就是制表匠对每个零件、每道工序，都精心打磨、专心雕琢的精益精神。

其三，专注。专注就是内心笃定而着眼于细节的耐心、执着、坚持的精神，这是一切"大国工匠"所必须具备的精神特质。从中外实践经验来看，工匠精神都意味着一种执着，即一种几十年如一日的坚持与韧性。德国除了有人们耳熟能详的奔驰、宝马、奥迪、西门子等知名品牌，还有数以千计普通消费者没有听说过的中小企业，它们大部分"术业有专攻"，一旦选定行业，就一门心思扎根下去，心无旁骛，在一个细分产品上不断积累优势，在各自领域成为"领头羊"。其实，在中国早就有"艺痴者技必良"的说法。古代工匠大多穷其一生只专注于做一件事，或几件内容相近的事情。《庄子》中记载的游刃有余的"庖丁解牛"、《核舟记》中记载的奇巧人王叔远等大抵如此。

其四，创新。"工匠精神"强调执着、坚持、专注甚至陶醉、痴迷，但绝不等同于因循守旧、拘泥一格的"匠气"，其中包括追求突破、追求革新的创新内蕴。这意味着，工匠必须把"匠心"融入生产的每个环节，既要对职业有敬畏、对质量够精准，又要富有追求突破、追求革新的创新活力。事实上，古往今来，热衷于创新和发明的工匠一直是世界科技进步的重要推动力量。中华人民共和国成立初期，我国涌现出一大批优秀的工匠，如倪志福、郝建秀等，他们为社会主义建设事业做出了突出贡献。改革开放以来，"汉字激光照排系统之父"王选、"中国第一、全球第二的充电电池制造商"王传福、从事高铁研制生产的铁路工人和从事特高压、智能电网研究运行的电力工人等都是"工匠精神"的优秀传承者，他们让中国创新重新影响了世界。

习近平总书记指出："探索浩瀚宇宙，发展航天事业，建设航天强国，是我们不懈追求的航天梦"。

1. 崔蕴 29 岁时就在鬼门关走了一遭，你认为这是一种怎样的奉献精神，我们应该怎样看待这种精神？

2. 崔蕴说："如果说火箭再次发生这种事，我们责无旁贷，因为我们是火箭人，这也是火箭总装人的一个情怀，也是职责。"对此谈谈你的感受。

3. 俗话说："干一行，爱一行"，我们对待自己的学习或者工作是怎样的态度，从崔蕴的故事中我们又学到了什么呢？

第三节　强"心"战机，精心雕琢

------------------ 洪家光

人物简介

　　洪家光，男，1979 年生，汉族，中共党员，本科学历，中国航发沈阳黎明航空发动机有限责任公司工人。他 1998 年参加工作，经过勤学苦练，创新进取，现在已经成为享受国务院政府特殊津贴的首席技师，并拥有 7 项国家发明和新型实用专利。他将个人理想融入中国梦，先后参与、负责国家某型号航空发动机核心部件和工艺装备的研制。并在促进技术成果转化，推广新技术、新工艺中处于先进地位，为业内普遍认可；他以科技报国、动力强军为己任，倾心铸造大国重器，带领团队创造多项佳绩；他注重"传、帮、带"工作，传承工匠精神，为企业的发展积蓄力量。

　　洪家光，凭借着坚忍不拔的毅力，攻克了一个个技术难关，不断创新，屡创佳绩，先后获得辽宁省劳动模范、辽宁省优秀共产党员、辽宁工匠，第七届"振兴杯"全国职业技能大赛"第一名"、全国技术能手、全国五一劳动奖章、全国最美职工、全国最美家庭、中国青年五四奖章等几十项荣誉和称号，并于 2017 年荣获国家科学技术进步二等奖。

｜人物故事｜

让加工工具再精确 1 微米

一身整洁的工装，双手将一块金属装夹在车床上，启动车床，打开切削液开关，左手移动大托盘，右手移动中托盘，试切削 2 毫米，火花飞溅。随后，

洪家光人物故事

观看切削面的颜色和亮度变化，调整细微偏差后，再次进行加工，迅速移动托盘回到初始位置，用千分尺测量精度，整套动作一气呵成。

洪家光的这套绝活，背后是 20 多年刻苦练习的功底支撑。发动机是飞机的心脏，洪家光的工作就是为发动机叶片制作所需的磨削的工装工具。航空发动机被誉为现代工业"皇冠上的明珠"，叶片是影响发动机安全性能的关键承载部件。

作为一名车工，洪家光于 2009 年申请了科技立项，立志加工出高精度的滚轮工具。现有的车床无法满足加工要求，洪家光开始一项项改进，减小托盘与操作台的间隙，改造传动机构中齿轮间咬合的紧密程度；原有的刀台抗震性不强，洪家光就重做了刀台；小托盘与下面的托盘有间隙，洪家光就将小托盘固定住……这些都减少了车床加工中产生的震动，提高了精度。4 年后他攻克难关，将滚轮工具精度大幅提升，在别人眼里不可能的事情，洪家光努力将它变为可能。

多年来，由他带领的洪家光劳模创新工作室集智攻坚，先后完成技术创新和攻关项目 84 项，实现成果转化 63 项，解决生产制造难题 564 项。个人拥有 8 项国家专利，团队拥有 30 多项国家专利。

让技艺巧到极致

洪家光先后拜过 12 位师傅，师傅们的工匠精神，深深感染了他。1999 年底的一个清晨，在车床前，当了 40 多年车工的"老八级"张凤义穿着白汗衫工作，一天下来，

白汗衫上一个污点都没有。张凤义告诉洪家光，造飞机发动机零部件，比头发丝还细得多的东西掉进去，就是大灾难。自那以后，洪家光跟张凤义学习，每天擦拭车床三遍，实时清理切削下来的碎屑，衣服也洗得干干净净，养成了一丝不苟的工作习惯。

"手巧不如家什妙"，车工的一项关键技术是磨车刀。许多高精度的零部件没有现成的刀具，洪家光白天工作之余练磨刀，晚上回家经常看书琢磨。花3个月时间，洪家光向不同师傅学习，练习磨出100多把不同功能和材质的刀具，掌握不同刀具的特性。近年来，他磨出的刀具有上千把，无论加工多么难的零部件，他都能找到合适的刀具。由他磨出的刀具粗糙度好、精度高，加工出来的零部件光亮平整，而且刀具的使用寿命比一般刀具长了1倍。

一些产品零部件要求的加工精度为0.003毫米，而现有数控机床的精度只能达到0.005毫米。为此，洪家光练就一身感知0.001毫米粗糙度变化的本领。在反复实验操作中，洪家光发现，每次细微调整参数，切削面的颜色和亮度都有变化，产生的火花大小和颜色也有所不同，为了找出最优的加工方式，他就一次次调整0.001毫米，用眼睛看变化，记录下来，再调整。他经过上千次试加工，将遇到的情况详细记录成10万余字的笔记，最终整理出加工心得。

深播技能成就梦想的火种

洪家光录制了视频教材《车工技能操作绝技绝活》，以洪家光技能大师工作室为平台，先后为行业内外2 000余人（次）进行专业技能培训，传播技能成就梦想的火种。

2021年，由洪家光、秦秀秀、程玉贤等多个劳模工作室组成的攻关团队，运用TRIZ方法解题获得了中国创新方法大赛一等奖。

洪家光等人白天深入现场研究，晚上开视频会议讨论，甚至一连几天开会直至午夜才结束。基于TRIZ模型的研讨模式使技术人员摆脱了思维定式，按照TRIZ动态性进化法则，最终运用了13种TRIZ方法。攻关团队实现了该专用工艺装备研制由最初的传统刚性结构逐步向单铰接、多铰接结构的转变，经过10余次迭代试验、优化，找到了理想的解决方案。

近年来，洪家光作为劳模代表，参加了全国、省、市各级劳模宣讲团，代表辽宁产业工人参加2018年"中国梦·劳动美——学习贯彻习近平新时代中国特色社会主义思想和党的十九大精神"全国职工演讲比赛，并荣获金奖。他还参加了共青团中央宣讲团走基层活动，先后赴 13 个省市完成 72 场个人事迹宣讲，不断引导青年职工把对梦想的追求聚焦到扎根本职、努力奋斗上。

> 洪家光："只要我们扎下根来，以党的十九大精神、习近平新时代中国特色社会主义思想为指引，以工匠精神为导向，一定能干出绚烂多彩的新成绩。"

｜案例评价｜

全国"最美职工"、"振兴杯"全国技能大赛车工组冠军、中国青年五四奖章……这一次，沈阳黎明航空发动机有限责任公司的高级技师洪家光的"航空发动机叶片滚轮精密磨削技术"项目获得国家科学技术进步二等奖。参加工作 20 载，洪家光共完成了 100 多项技术革新，解决了 300 多个技术难题，为中国航空发动机事业做出了重要贡献。

> 洪家光："不是有了梦想才坚持，而是在坚持中让梦想变得更加清晰。"

｜人物引领｜

何小虎，六院西发公司数控车工、高级技师。他是全国五一劳动奖章、中国青年五四奖章、全国向上向善好青年、全国技术能手、全国青年岗位能手、航天贡献奖、三秦工匠、陕西省带徒名师获得者，也是全国青联常委、全国青联优秀委员和陕西省青联常委。

身为航天装备制造业领域的年轻高技能人才，何小虎以一丝不苟、精益求精的工匠精神，坚持把青春梦融入航天梦，在建设航天强国的伟大征程中恪尽职守，用实际行动助力航天强国梦的同时，也一步步实现着自己航天报国的人生理想。

虎劲——树立航天初心，追逐航天梦想

西发公司是我国唯一的大型液体火箭发动机专业研制生产企业。发动机被称为火箭的"心脏"，涡轮泵又是发动机的"心脏"，发动机燃烧系统更是火箭"心脏"的核心组件，而何小虎就是这颗"心脏"的"精刻师"。

为此，他从基层一线操作工干起，锚定液体火箭发动机心脏"精刻师"目标，苦干实干加巧干，不断学习新技术、掌握新设备、挖掘新潜能。为迅速提高技能水平，他每年都参加不同级别的技能竞赛，入职6年就参赛20余次，达到以赛促学、以赛促练、以赛提质的效果，2016年参加"全国数控技能大赛"就斩获陕西省第一名。

就是凭着这股肯吃苦、敢吃苦、能吃苦的虎劲儿，经过十几年的不懈奋斗，何小虎从最初的技能选手成长为竞赛评委，2020年他担任第一届中华人民共和国职业技能竞赛国赛和省赛裁判，2021年他担任第九届全国数控技能大赛裁判。

现在，他可以操作10多种不同型号、不同种类的机床，从最传统的手工操作机床到公司精度最高的数控机床，甚至微米级的产品加工对于他来说都游刃有余。他共解决了75项发动机难题、获奖70项、申请专利18项、获国际发明专利1项、发表论文6篇。

精劲——秉承工匠精神，磨砺一流精品

2021年4月29日，长征五号B遥二运载火箭将天和核心舱发射入轨，完成了中国空间站建设的首战。何小虎生产的离心式喷嘴就是液体火箭发动机燃烧室的核心部件。

为保证推进剂通过喷注器后在合适的空间精准碰撞、高效稳定燃烧，对喷嘴精度提出了极为苛刻的要求。作为精密组件，尺寸精度误差全部要控制在0.005毫米以内，喷嘴的传统加工不仅工序繁多且面临"四大难题"——精度低，毛刺多，合

格率低，劳动强度大、效率低。

为有效提升以"长征五号"等为代表的 120 吨新一代液氧煤油发动机喷注燃烧系统工作的高可靠性，为空间站建设提供更强有力的保障，何小虎多次请教大学教授和相关专家，一起试验激光加工等多种方案，经过百余次迭代，他将传统钻削改为铣削，在直径为 0.05 毫米也就是半根头发丝大小的空间内实行三轴联动加工，最终精度完全达标，并实现了液体火箭发动机离心式喷嘴无毛刺加工，将产品一次合格率提升到 99.9%，效率提高 2 倍多，人员减少一半，每年节省成本上千万元，彻底解决了四大难题。该项技术已申请国防专利，同时也在我国首台可重复使用液体火箭发动机中立下汗马功劳。

闯劲——不辱强国使命，亮出青年才智

"推得精、飞得稳、变得妙、落得准"，这是对我国着陆月球和着陆火星所使用的变推力发动机的写意描述。这类发动机负责探测器在着陆时获得反推力，使其减速、悬停、平稳着陆，其关键部件就是燃烧室喷管。

何小虎生产的火星探测器着陆变推力发动机所用燃烧室喷管，由于喷管结构特殊，加上材料属于难熔金属，其加工一直是行业难题。

他本着一定要赶上和超过世界先进水平的雄心壮志，深入研究材料特性，通过大量试验独创了一种技术方法，彻底解决了这类喷管精密加工难度大、合格率低的世界级难题。由他撰写的《一种切削液及其制备方法和应用》一书获公司首个国际专利授权。

在破解北斗导航等重大任务发动机"卡脖子"问题中，某部件的加工精度仅相当于头发丝的 1/10，公司没有一台设备可以生产这个产品，初期合格率仅为 20%。何小虎主动接下这个难啃的硬骨头，他提出"设备稳定性"加工概念，独创了"极限加工稳定性控制法"和"首件标定参数法"，即准确掌握机床黄金时间进行精密加工，这个思路完全颠覆了传统方法，开创了公司超精密加工新方法，产品合格率达 100%。

面对一次次挑战、一次次攻关，凭着不服输的劲头，何小虎在精益求精中练就炉火纯青之技，成长为技艺精湛的航天工匠。

艺无止境，德艺双馨，何小虎还下功夫带领更多年轻人成长进步。他积极组织青年职工参加各类职业技能竞赛，先后带徒 20 多名，其中高级技师 2 人、技师 9 人，1 人获中央企业青年岗位能手荣誉称号，2 人获陕西省五一劳动奖章，10 人获陕西省

技术能手荣誉称号。

有一种实干叫中国制造，有一种传承叫工匠精神。

何小虎："在平凡的岗位上也能做出不凡的业绩。"他将继续执着专注，追求卓越，以青春热血书写技能报国、航天报国的华彩人生！

工匠知识小课堂

新时代工匠精神的内涵和特点

　　一般认为，工匠精神包括高超的技艺和精湛的技能，严谨细致、专注负责的工作态度，精雕细琢、精益求精的工作理念，以及对职业的认同感、责任感。但是，这只是对工匠精神一般意义上的理解，缺乏对新时代中国工匠精神特殊性的研究。实际上，新时代的中国工匠精神，除了具有一般意义上工匠精神的内涵，还具有自身的特殊性：既是对中国传统工匠精神的继承和发扬，又是对外国工匠精神的学习借鉴；既是为适应我国现代化强国建设需要而产生，又是劳动精神在新时代的一种新的实现形式，它与劳模精神、劳动精神构成一个完整的体系，成为激励广大职工实现中华民族伟大复兴中国梦的强大精神力量。

　　在中国，"工匠"一词最早出现在春秋战国时期，是在社会分工中开始独立存在专门从事手工业的群体后才出现的，此时工匠主要代指从事木匠的群体。随着历史的发展，东汉时期"工匠"一词的含义已经基本覆盖全体手工业者。

　　工业化时代生产的特点是标准化和通用化，因此，工业化时代更多地强调工人对标准和规范的遵循和坚守。而在信息化时代，随着互联网技术的发展，满足消费者个性化需求的定制服务成为可能。这一变化强调了为满足个性化需求而进行的创新和创造。

为满足对高素质产业工人队伍的需要，在新时代提倡工匠精神，不仅具有强烈的时代意义，同时也有其深刻的历史必然性。

首先，弘扬工匠精神，是为了造就一支宏大的产业工人队伍，以满足我国建设现代化强国目标的需要。党的十八大提出了实现"两个一百年"的奋斗目标，要实现这一目标，必须推动我国由制造大国向制造强国的转变，实现从中国制造到中国创造的跨越。而要完成这一目标，急需造就一支有理想守信念、懂技术会创新、敢担当讲奉献的宏大的产业工人队伍，而要切实推进产业工人队伍建设改革，必须大力弘扬工匠精神。

其次，弘扬工匠精神，是适应国际竞争，推动中国制造走出去的需要。近年来，许多国家提出了各种具有前瞻性的发展战略，我们必须加快经济发展方式转型和产业结构升级，才能在激烈的国际竞争中站稳脚跟，才能推动我国企业走出去。因此，大力弘扬工匠精神，培育出大批大国工匠，全面提升职工素质，已成为当务之急。

最后，弘扬工匠精神，是满足个性化、定制化生产的需要。当前，我国正经历着从工业化时代向信息化时代的转变。飞速发展的互联网、大数据、物联网、人工智能技术，正改变人们的生产方式和生活方式。与千篇一律的工业化生产不同的是，如何满足消费者个性化和定制化需求，已经成为企业竞争的新蓝海。因此，随着信息化时代的到来，重提工匠精神，也就具有了某种历史必然性。

工匠精神与劳模精神、劳动精神构成有机整体。

总之，要发挥好新时代中国工匠精神的作用，必须处理好劳模精神、劳动精神、工匠精神的关系，使三者的作用得以充分发挥，从而在全社会形成尊重劳动、尊重劳模、尊重工匠的良好氛围，为新时代中国特色社会主义伟大胜利贡献更大的力量。

习近平："伟大事业都成于实干，新时代是奋斗者的时代。新时代是在奋斗中成就伟业、造就人才的时代。"

1. 洪家光的事迹为我们所熟知，你从中可以提炼出哪些值得我们学习的工匠精神？

2. 洪家光的师傅是谁，他从师傅那里学到了什么？

3. 洪家光身为党员，他是否做到了为人民，为国家，你是从哪些地方看出来的？

第四节 主刀"咽喉",人机合一

------------------ 阎 敏

人物简介

阎敏,中国航天科工集团航天三江江北公司数控车工、特级技师,中共二十大代表。他长期承担着航天型号产品关键件、新型号的首件加工任务。

阎敏因为高超的技能被称为导弹"咽喉主刀师"。他总结了一套复合材料异形曲面的加工技术,突破了数控车床 0.02 毫米的精度,并且创下了 0.005 毫米的极值。

2012 年,阎敏工作室被国家人社部命名为"国家级技能大师阎敏工作室",成为国家"十二五"期间重点扶持建设的技能大师工作室之一。30 多年来,阎敏凭借无可取代的精湛技术,收获了 100 多项奖项。作为新时期学习型、创新型、实干型技术工人的杰出代表,阎敏在国家重点型号产品研发生产一线,长期承担航天型号产品关键件、新型号首件加工任务,享有型号产品咽喉"主刀人"雅号。他凭着对信念、对事业、对职业操守锲而不舍、坚忍不拔的执着与坚守,奋战 30 多年,为航天事业做出了突出贡献。

｜人物故事｜

100%合格率！阎敏成为最年轻的技师！

在火箭发动机上，有一个极其重要的零件——喷管，它负责将火箭发动机推进剂燃烧喷射出的火焰转化为动力。"喷管被称作火箭的'咽喉'，别看它小小一个，却牵扯着很多零件的组装，任何细小的偏差都可能导致火箭偏离轨道甚至解体。"阎敏说。

喷管是为我国运载火箭和导弹提供能量转换的重要装置，负责将火箭发动机推进剂燃烧喷射出的火焰转化为动力，业内人士通常将喷管称为火箭的"咽喉"，足见其重要性。为了保证发动机的工作安全可靠，喷管关键部位的加工精度要求控制在 0.005 毫米。0.005 毫米相当于头发丝直径的 1/3，加工难度极大，加工喷管的人员几乎都是高级技师。

喷管价格昂贵，阎敏是喷管最后一道关键工序的主刀手，他要保证 20 多处精度在 0.005 毫米的尺寸全部合格，如果失败则意味着前面 60 多道工序的零件全部报废，将导致上千万元的直接损失。

为了练就百分百成功的磨刀技艺，阎敏付出了常人难以想象的努力。阎敏的工作基本在空旷的车间进行，最冷的时候气温能达到 –10℃，在寒风中，他要摸着冰冷的铁块进行韧磨，手上经常布满冻疮和一道道血口子。

功夫不负有心人。终于，阎敏熟练掌握了运用车床毫米级切割的本领，可以将一根直径 50 毫米的圆柱体精确车削至细丝而不折断。

正是因为阎敏的努力，年仅 25 岁的他成为公司最年轻的技师。除了技术问题，克服心理压力也是不小的挑战。阎敏在工作时强迫自己全身心投入其中，以一种必须成功的决心投入工作中。20 多年来，即使在型号不断增多的情况下，阎敏经手的"咽喉"型号产品合格率也高达 100%。

此外，每次遇到重大产品操作，阎敏及其团队成员坚持先制作同比例大小的木质模型，在木质模型上一次次地验证工装及程序的可行性。阎敏还独创了高难度的组合专用夹具和侧顶装夹技术，通过自主研发，使团队掌握了一套高效喷管加工的关键技术。

阎敏创下数控车床 0.005 毫米的精度极值，2000 年，阎敏的单位面临着从传统车床到数控车床的艰难转型。阎敏首当其冲成为第一批学习数控车床的技术工人。

这是前所未有的挑战。"我们是第一批学习操作数控车床的工人，没有经验可循，互联网当时也不发达，只能通过按键，从最简单的程序代码一步步去摸索。"阎敏说。那段时间，阎敏放弃了许多参加大赛的机会，他收集各种资料，无数次的编程、试错，有时甚至睡在机房。

两年时间，他不仅全面熟练掌握了数控编程系统，还自己开发出 15 种数控操作的常用功能。谈到如何实现高超的操刀技巧，阎敏说："就是把这个机床操作得就像自己的手一样，我们想让它走到哪儿，它就走到哪儿。可以这么说，就是'人机合一'的一个状态。"

人机合一，人技合一。正是凭着这样的功底支撑，20 多年来，阎敏一直承担着重点型号关键部位的首件产品加工重任。他总结了一套复合材料异形曲面的加工技术，突破了数控车床 0.02 毫米的精度，并且创下了 0.005 毫米的极值。

极限成功的背后都是无数汗水的积累，每个"0.005 毫米"荣誉的背后都是坚守与执着。"对所加工的零件要有敬畏之心，因为它关系到国家的安全。"阎敏说。

30 多年来，阎敏精益求精，加工了 3 000 余台"国之重器"的关键件，合格率一直高达 100%。他参与生产的系列型号产品，先后 5 次亮相国家阅兵仪式。

阎敏与车床较劲，钻研完成百余项创新成果，勤于从书本中深钻、博览，不断学以致用；勤于从模范人物身上学习，尤其学习他们苦干、实干，敬业奉献精神；勤于从实践中学习，并将善于总结、思考、积累上升为一种工作习惯，这是阎敏 34 年职业生涯一直坚守的信条。

30 多年来，他坚持记了 20 多本厚厚的"工作日记"。作为第一批学习数控车床的技术工人，阎敏靠着一本英文字典摸索出方法，开发出 15 种数控操作的常用功能。他还总结了一套复合材料异形曲面的加工技术，突破了数控机床 0.02 毫米的精度，并创下了 0.005 毫米的极值。

如今，阎敏更多的责任是把身上的技能和经验毫无保留地传授给年轻人，带出更多高水平技能人才，为国家做出更大的贡献。

> 阎敏：“想要干好一件事，练就真本领，没有诀窍，不下苦功夫是不行的。”

| 案例评价 |

手有毫厘千钧之力，眼含秋毫不放之功。大国工匠、全国劳动模范、中国航天科工集团航天三江江北公司数控车工、特级技师阎敏，长期坚守在火箭发动机生产一线，主要负责航天型号产品关键件、新型号的首件加工任务。

30多年来，他苦练技艺，经手的产品"零失误"，并创下数控车床0.005毫米精度极值，被称为导弹"咽喉主刀师"。"他把机床操作得就像他自己的手一样，真正达到了技艺的炉火纯青，做到了人机合一。"阎敏的同事这样评价。过去10年，阎敏带领团队立足岗位创新，解决了高价值航天产品细长轴、深盲孔、非金属复杂型面等加工、测量技术问题，突破了制约型号产品研制与生产过程的重大技术瓶颈70余项，申报创新成果百余项。

2020年12月，阎敏创新工作室荣膺第三批"全国示范性劳模和工匠人才创新工作室"。

2022年10月，阎敏作为党的二十大代表赴京参加盛会。"作为一名党代表，我将牢记嘱托、勇担使命，发挥党员带头作用，为国防事业和航天事业培养更多人才、作出更大贡献。"阎敏说。

> 阎敏：“人生若没有目标，就可能会失去前进动力。我带徒弟时也这样要求他们，做到极致，并不断坚持。”

人物引领

毛腊生，男，汉族，1956年12月生，中共党员，贵州绥阳人，中国航天科工集团第十研究院贵州航天风华精密设备有限公司的技术顾问。省管专家，享受政府特殊津贴，先后获得"全国劳动模范""全国道德模范""全国技术能手"等荣誉称号，荣登央视"大国工匠"颁奖台，成立"国家级毛腊生技能大师工作室"。40年来，毛腊生先后主持完成了"无毒型砂"、超大型薄壁舱体实际运用等研制任务，10余项课题或项目处于国内行业领先水平。

他用满腔热情读懂冰冷的砂子，以匠心书写着航天工人的精彩篇章，用聪明才智铸造起强大国防的基石……他就是中国航天科工集团第十研究院贵州航天风华精密设备有限公司的铸造工人毛腊生。

只有初中学历的毛腊生，40年如一日地追求职业技能精细化、极致化，靠着传承和钻研，凭着专注和坚守，缔造了属于他自己的"中国制造"，获得了"全国劳动模范""全国技术能手""中华技能大奖""中国铸造大工匠""大国工匠""首届贵州省金牌工人"等众多荣誉桂冠。

坚持学习是超越自我的唯一法宝，1977年，毛腊生进入航天风华精密设备有限公司从事铸造生产工作。刚开始他连工艺图纸都看不懂。为了学会操作技能，毛腊生成了小组老技师的"小跟班"，随身携带记事本，随时学习随时记录，经常揣摩、虚心请教。他休息日泡在公司图书馆查阅资料，平时经常缠着车间技术员问问题，曾骑行很远只为找人请教相关技术问题……3年下来，他掌握了铸造基本原理并掌握了实际操作技能，具备了独立生产较难铸件的能力。之后，他又以极大的毅力先后自学了铸造初级、中级理论知识，以及机械制图、机械基础、合金熔炼等与铸造相关的知识，系统学习了高级铸造工理论知识，成为极少数同时拥有较高理论知识和实际生产技能的技术工人。

毛腊生家中的书桌上，几乎全是铸造的专业书；手机里，储存着国内外新型铸件图片或先进合金资料介绍……"坚持学习才是超越自己的唯一法宝。"毛腊生在总结多年工作经验时，深有感触地说。

置心一处攻坚克难是成功的关键，"困难像弹簧，你弱它就强。把困难踩在脚下时，我觉得自己的个子好像变高了！"谈到战胜困难的感受时，身高并不高的毛腊生笑着说。2006年，在单位与一高校共同研发高温耐热镁合金舱体项目多次失败后，毛腊生主动请缨参战。"专家、教授都解决不了的问题，他一个初中生能行吗？"有人质疑。"国内成功的例子不多，别砸了自己'大师'的牌子。"有人也善意劝他。毛腊生心无旁骛，带领项目组全力投入到紧张的攻坚克难中。加班加点查看产品缺陷、检查原定工艺、确定技术要求、跟踪生产过程、计算具体数据……

那段时间，毛腊生的脑子中装满和该项目有关的问题。一次，在生产现场吃晚饭时，当同事问他要不要添加米饭时，他脱口而出的居然是"加！再加3块。不，是4块冷铁"。还有一次，他在给女儿已经批改下发的试卷上签字时，突然灵光一闪，找到了解决技术问题的答案，他顺手便在试卷的空白处画起了零件造型简图以及计算公式，把女儿差点急哭……

真是功夫不负有心人。经过近半个月的忙碌，毛腊生找到了技术问题形成的原因，并提出了具体解决方案，成功完成了该合金应用实际产品的研制任务，使公司跻身国内极少数掌握该技术的单位之列。"毛腊生个子不高，但在技术上真是'高人'！"参与该项目研制、曾质疑过毛腊生的某大学教授，竖起大拇指由衷地称赞道。

40年来，毛腊生先后主持完成多种超大型薄壁舱体试制生产、耐高温镁合金实际运用等研制任务，成功解决某铝合金舱体"白裂纹"缺陷等多个难题，其中10余项课题或项目处于国内行业领先水平。他参与生产的系列型号导弹，先后4次亮相国家盛大阅兵仪式，接受党和国家的检阅。

一生坚守航天铸造事业，"苦、脏、累"是铸造行业的"代名词"。毛腊生曾有机会离开铸造一线，一些企业多次向毛腊生抛出了"橄榄枝"，甚至有私营企业老板许诺："来我这里管技术，活一点不累，工资还翻倍。"但都被毛腊生婉言谢绝了。在铸造行业，导弹舱体属于大件，内部结构复杂，造型无法用机器替代，即便是在制造业高度发达的国家，面对这样的铸件，也只能手工操作。在这个过程中，配制砂子是至关重要的一道工序，它的质量最终决定铸件的成败。由于砂子本身质地疏松，对造型的精准度有很高的要求，在造型的过程中，工人还要不停地移动。为了更灵活方便，工人都是蹲在地上作业。

毛腊生刚接触这个工作的时候，蹲上20多分钟，腿就又酸又麻，为了练就这"蹲"的功夫，毛腊生吃饭的时候也蹲着，看书的时候也蹲着，到后来一天能蹲七八小时，有时候加班甚至一天要蹲十几小时……"第一次接触铸造就喜欢上了这个行当，能干一辈子，我心里很满足，砂子是有语言的，只要你读懂了它，它就像孩子一样听话……"平时不善言语的毛腊生，谈起铸造和砂子，似乎有说不完的话。干这行已经39年了，和砂子打了一辈子交道，不管什么样的砂子，他抓一把就知道好坏。毛腊生将他多年积累的丰富经验毫无保留地传给了徒弟。他所带的10余名徒弟中，有2人成为国家技师，6人成为高级技能工人，就连徒弟的徒弟，也已有多名成为生产骨干，并利用"毛腊生国家级技能大师工作室"这一平台，积极提升了整个班组的技能水平。

> 毛腊生："砂子是有语言的，只要你读懂了它，它就像孩子一样听话。"

工匠知识小课堂

工匠精神的核心价值观

工匠精神是指在制作或工作中追求精益求精的态度与品质，是职业道德、职业能力、职业品质的体现，是从业者的一种职业价值取向和行为表现。工匠精神的核心是敬业、精益、专注、创新等。敬业是从业者基于对职业的敬畏和热爱而产生的一种全身心投入的认认真真、尽职尽责的职业精神状态。精益就是精益求精，是从业者对每件产品、每道工序都凝神聚力、精益求精、追求极致的职业品质。专注就是内心笃定而着眼于细节的耐心、执着、坚持的精神，这是一切"大国工匠"所必须具备的精神特质。"工匠精神"还包括追求突破、追求革新的创新内蕴。古往今来，热衷于创新和发明的工匠一直是世界科技进步的重要推动力量。

　　工匠喜欢不断雕琢自己的产品，不断改善自己的工艺，享受产品在双手中升华的过程。工匠对细节有很高要求，追求完美和极致，对精品有着执着的坚持和追求，把品质从 0 提高到 1，其利虽微，却长久造福于世。工匠精神是社会文明进步的重要尺度，是中国制造前行的精神源泉，是企业竞争发展的品牌资本，也是员工个人成长的道德指引。"工匠精神"就是追求卓越的创造精神、精益求精的品质精神、用户至上的服务精神。

习近平："自古英雄出少年。在漫漫历史长河中，人类社会青年英雄辈出，中华民族青年英雄辈出。"

互 动 吧 台

　　1.阎敏被称为导弹"咽喉主刀师"，其中"咽喉"指的是什么？

　　2.阎敏为第一批学习数控车床的技术工人之一，他获得了什么成就，遇到了哪些困难，他是怎样对待这些困难的？

　　3.阎敏靠着一本英文字典摸索出方法，开发出 15 种数控操作的常用功能，当我们对待学习的时候应该抱以怎样的态度呢？

第二章　匠在大地

　　朱恒银、刘丽、母永奇、田得梅四位大国工匠分别来自地质勘探、石油开采、建筑施工和电力检修等领域。这些领域都是国家重要的工业支柱，对国家的发展至关重要。下面分别介绍这些领域的发展情况及未来发展趋势。

　　地质勘探领域：随着国家对矿产资源需求的不断增加，地质勘探领域的发展前景十分广阔。未来，该领域将更加注重技术创新和智能化发展，以提高勘探效率和准确性。同时，随着新能源和环保产业的发展，地质勘探领域也将更加注重绿色勘查和可持续发展。

　　石油开采领域：石油是国家重要的能源资源之一，石油开采领域的发展对国家能源安全至关重要。未来，该领域将更加注重数字化转型和智能化升级，提高开采效率和安全性。同时，随着新能源和可再生能源的发展，石油开采领域将面临一定的挑战和机遇。

　　建筑施工领域：建筑施工是国民经济的重要支柱产业之一，未来的发展趋势将集中在绿色建筑、智能建造和新型建筑材料等方面。随着环保意识的提高和科技的进步，绿色建筑和智能建造将成为主流，同时新型建筑材料的研发和应用也将为建筑施工领域带来更多的发展机遇。

　　电力检修领域：电力是国家的基础设施之一，电力检修领域的发展对保障电力系统的安全稳定运行至关重要。未来，该领域将更加注重智能化检修和预防性维护，提高检修的准确性和效率。同时，随着新能源和分布式发电技术的发展，电力检修领域也将面临新的挑战和机遇。

　　综上所述，朱恒银、刘丽、母永奇、田得梅四位大国工匠所在领域的发展情况及未来发展趋势都离不开科技创新和数字化转型，未来的发展将更加注重智能化、自动化和环保可持续性等方面。同时，这些领域也将面临新的挑战和机遇，需要不断适应和应对市场变化与技术革新的需求。

第一节　地质神兵，至臻寻宝

------------------ 朱恒银

人物简介

　　朱恒银，男，1955 年 11 月生，汉族，中共党员，安徽省地质矿产勘查局 313 地质队教授级高级工程师，曾获"全国劳动模范""全国道德模范""全国创新争先奖""全国优秀科技工作者"等荣誉和称号，享受国务院政府特殊津贴。他从事野外地质钻探工作 44 年，从一名普通的工人成长为钻探专家，攻克了定向钻探技术难关，将我国小口径岩心钻探地质找矿深度从 1 000 米推进至 3 000 米，为国家创造了上千亿元的经济价值。他立足本职、砥砺奋进，主持和参加了 10 余项国家级和省部级重点科研项目，取得了"多分支受控定向钻探技术"系列成果，开了一个又一个行业技术先河，为推动我国地质岩心钻探技术发展做出了突出贡献。他领衔的创新工作室主要致力于深部钻探、特种钻探等方面的研究，将我国地质找矿深度突破到 5 000 米，达到国际先进水平，创造了"中国深度"，有 10 项创新成果填补了国内行业空白，他被誉为"地质神兵"。

人物故事

1976 年的一天，朱恒银随着一辆解放牌卡车，被 313 地质队送到安徽省霍邱周集铁矿区。130 千米的路途，卡车开了 6 个多小时。下车后，看到的是一片荒芜，只有钻塔在田野间孤独地耸立着。从那天起，朱恒银穿上了蓝色地质服，正式成为一名钻探工人。也是从那天起，他才知道，地质钻探是地质行业中最艰苦的工种：整天一身泥浆一身油、风餐露宿、三班作业，劳动强度大、工作环境差、

朱恒银人物故事

安全风险大。他们的住房是干打垒，有时住群众家的牛、羊棚，晚上照明是煤油灯，生活单调。就这样，安徽霍邱、庐枞铁矿、铜陵冬瓜山、安庆月山、滁州琅琊山铜矿、大别山钼、金、铅锌等大型和特大型矿区的地质勘探工作无不出现他的身影。对钻探事业的忠诚与热爱已经融入到了朱恒银的血液里，他从一名钻探小工逐渐成长为全国知名的钻探专家。

"我们行业内有一句戏称，远看像讨饭的，近看像收破烂的，仔细一看是搞钻探的。"长期工作在第一线，风餐露宿对朱恒银来说，是生活的常态。"钻机一开就不能停啊，三班倒。"他说。地质钻探，通常在荒无人烟的野外进行。有时住帐篷，两块防水帆布，几根帐杆，简易帐篷就搭好了；有时住集装箱，十几平方米的集装箱房内，住上好几个人。说起一年里有 200 多天在野外、47 年间有近四分之一的春节在野外工地度过，朱恒银轻描淡写，仿佛在说别人的故事。多年来的坚守，让朱恒银收获了事业的丰收。巨大成就的背后是澎湃的激情和辛勤的汗水。

工作中遇到哪些问题、有哪些收获，朱恒银都会一一记下来。在常年的工作实践中，除了勇于创新，更要将研发成果应用于钻探生产第一线。朱恒银在平凡的工作岗位上，研发的技术成果填补了多项国内空白。他采用新型集成创新模块化思路，率先建立了 3 000 米深部岩心钻探工艺技术体系，突破了制约 3 000 米深部地质岩心钻探的技术瓶颈。

跟钻探打了一辈子交道的朱恒银，遇到难题，反而更加兴奋。在他看来，难题

意味着突破与创新，一旦攻克，就能助推国家地质钻探事业取得更大进步与发展。朱恒银将自己积累的精湛技术和所研发的机具、工艺方法，推广应用到矿区的勘探施工中去，解决了复杂地层、坚硬地层、钻进效率等技术难题，为地质找矿的突破提供了重要的技术支撑。

在安徽霍邱李楼铁矿区，他应用单羽状分支定向孔施工技术，解决了陡矿体、异型矿体等困扰多年的技术难题，完成了该矿区 3 亿吨储量勘探任务；在滁州琅琊山铜矿危机矿山深部找矿中，他应用定向钻进技术及复杂地层钻进新工艺，解决了老矿区地表密集房屋和其他建筑物下部矿体勘探的技术难题，延长了矿山服务年限 30 年，解决了矿山 3 000 余名职工的后续就业问题；在大别山金寨沙坪沟区域，他利用深部钻探技术，完成了特大型钼矿的勘探工作，探明钼储量 245 万吨，单矿体储量居世界第一，为革命老区的致富提供了坚实的资源保障。朱恒银研发的技术还广泛应用于国家科学钻探和特种工程技术领域。利用自身的独特钻探技术优势承担了四川汶川地震断裂带科学钻探 WFSD-3 孔的施工任务，通过对岩心、岩屑和流体样品进行多项科学观测和研究，可长期进行地震监测和预警预报，受到了中国地质调查局的高度评价。

千磨万击还坚劲，任尔东西南北风。47 年来，朱恒银将自己和地质钻探事业紧紧联结，用毅力不断挑战着技艺的巅峰。朱恒银对地质钻探施工和科研工作倾注了全部的心血，白天守工地，晚上搞设计、写报告、改论文等，从来没有享受过真正的节假日。一直到现在，朱恒银还有这样一个习惯——枕头旁边放着纸和笔，"搞设计、写论文如果卡壳，有时候半夜突然有了想法，我就立刻开灯把这些思路记下来"朱恒银说。朱恒银的不断创新和勤于实践，让理想之梦结出了累累硕果。47 年来，他的科研成果荣获了地质领域最高奖——李四光地质科学奖、国家科技进步二等奖、安徽省创新争先奖、省部级科学技术奖……

"中华人民共和国成立初期，我国普遍使用的纯机械式钻机，只能推进到地下 500 米至 600 米深，且速度极慢。而今天，已是大不一样，我们将地质岩心钻探深度从 1 000 米推进至 3 000 米，现已推进至 5 000 米。"朱恒银感慨地说。如今，年过花甲的朱恒银，依旧坚守岗位，依然有"老骥伏枥，志在千里"的信心。2020 年 3 月，由朱恒银带领团队自主研发的国内首台 5 000 米多功能变频自动钻机，亮相新疆克拉玛依玛湖油田。鏖战 200 余日，捷报频传，开钻 6 口井，完井 5 口，共完成进尺 19 549 米，最高日推进速度达 700 余米。"只要身体允许，我就会向地球深部进军至最后一刻，"朱恒银说，"从前是'摸着钻'，后来是'算着钻''看着钻''变着钻'，现在，'自动钻'研究刚刚起步，真正实现钻探人工智能化，我们要做的还有很多。"对于地球深处的奥妙，朱恒银仍然充满好奇和探究的冲动；面对未来，这位已经年过花甲的老人仍激情澎湃……

朱恒银："一辈子只做一件事，一辈子把这一件事做好。"

案例评价

朱恒银，从事地质钻探第一线野外工作 47 年，凭借自身不懈的努力奋斗，从一名钻探工人成长为全国知名的钻探专家和安徽省学术和技术带头人。一路走来，他以献身地质事业为荣、以找矿立功为荣、以艰苦奋斗为荣的"地质三光荣"精神为动力，勇于探索创新，不畏艰难，在平凡的工作岗位上，攻克了

一个又一个技术难关，将我国小口径岩心钻探地质找矿深度从 1 000 米推进至 3 000 米的国际先进水平，成为我国深部岩心钻探的领跑者，产生了数千亿元的经济效益及社会效益。

人物引领

李四光（1889 年 10 月 26 日至 1971 年 4 月 29 日），出生于湖北省黄冈市团风县回龙镇下张家湾村。

李四光是伟大的爱国主义者，世界著名的科学家，古生物学家，地层学家，大地构造学家，地质学家，第四纪冰川学家，教育家和社会活动家，中国地质力学的创始人，中国现代地球科学和地质工作的奠基人，中国现代地质学的开拓者，中华人民共和国地质事业的主要奠基人之一，主要领导人，第二、第三、第四届全国政协副主席，地质部部长，中国科学院副院长，中国科学技术协会主席，世界科学工作者协会副主席。

科学救国

李四光在农村生活了近 14 个年头。从五六岁起，他就在父亲教书的私塾里读书，还要帮着母亲打柴、舂米、推磨、提水……艰苦的生活培养了他刻苦奋斗的精神和倔强的性格。

太平天国运动之后，洋务派兴起，湖北办起了许多新学堂，以讲新学而标新立异。李四光被深深地吸引，他只身前去投考，以优异成绩被录取。

在新学堂里，他如饥似渴地学习新知识，由于每次考试都是第一名，被省里选作官费留学生，送到日本学造船。

李四光在日本度过了 7 年，在那里，他参加了孙中山先生领导的中国同盟会。李四光回国后第二年，辛亥革命爆发，他参加了汉口的保卫战，作为新任命的湖北军政府理财部参议，他亲自组织码头工人和人力车夫运军火、上前线。随后，他被选为湖北军政府实业部部长。正当李四光准备大干一番事业时，辛亥革命失败了。他发愤专心于科学技术的研究，走"科学救国"之路。他去英国留学，先是学采矿，后转到地质系。他祈盼着有一天，得见政治清明之世，为祖国贡献自己的青春和热血。

留学生活并不轻松。为了维持不断上涨的学费，李四光假期到矿山做工。在伯明翰大学的 6 年里，他不仅专业学习成绩优秀，而且熟练地掌握了英语，先后获得了学士学位和博士学位。毕业后，他婉言拒绝了一家矿山的高薪聘请，接受了蔡元培先生的邀请，回到祖国，在北京大学地质系任教授。

第四纪冰川的发现

例如，从19世纪以来，就不断有德国、法国、瑞典等国的地质学家到中国勘探矿产，考察地质。但是，他们都没有在中国发现冰川现象。因此，在地质学界，"中国不存在第四纪冰川"已经成为一个定论。可是，李四光在研究蜓科化石期间，就在太行山东麓发现了一些很像冰川条痕石的石头。他继续在大同盆地进行考察，越来越相信自己的判断，于是，他在中国地质学会第三次全体会员大会上大胆地提出了中国存在第四纪冰川的看法。到会的农商部顾问、瑞典地质学家安特生轻蔑地一笑，予以否定。

为了让人们接受这一事实，他继续寻找更多的冰川遗迹。10年以后，他不仅得出庐山有大量冰川遗迹的结论，且认为中国第四纪冰川主要是山谷冰川，且可划为三次冰期。

李四光的这个学术观点再次在全国地质学会上发表以后，引起了1934年著名的庐山辩论。在半殖民地半封建的旧中国，中国的科学家低人一等，外国学者中有相当一部分人是带着民族主义和种族歧视情绪到中国来的。因此，尽管大事实摆在眼前，但是几位外国学者并没有改变他们的观点。

1936年，李四光又到黄山考察，写了《安徽黄山之第四纪冰川现象》的论文，此文和几幅冰川现象的照片引起了一些中外学者的注意，德国地质学教授费斯曼到黄山察看后赞叹道："这是一个全新的发现。"李四光经过多年的艰苦努力，第一次得到外国科学家的公开承认。可是，他知道，这还远远不够，他干脆把家搬到庐山上，又在庐山脚下建立了一个冰川陈列馆，叫作"白石陈列馆"（后被国民党海军炸毁），以便更深入细致地进行冰川研究。

李四光关于冰川的研究，在其1937年完稿的《冰期之庐山》中得到全面阐述。可惜由于抗日战争爆发，这本书10年后才得以出版。

> 李四光："我是中国人，理所当然地要把学到的知识全部奉献给我亲爱的祖国。"

工匠知识小课堂

敬业精神的基本内涵

　　敬业精神（Professional Dedication Spirit）是人们基于对一件事情、一种职业的热爱而产生的一种全身心投入的精神，是社会对人们工作态度的一种道德要求。它的核心是无私奉献意识。低层次的即功利目的的敬业，由外在压力产生；高层次的即发自内心的敬业，把职业当作事业来对待。

　　敬业精神是一种基于热爱基础上的对工作对事业全身心投入的忘我精神境界，其本质就是奉献的精神。具体地说，敬业精神就是在职业活动领域，树立主人翁责任感、事业心，追求崇高的职业理想；培养认真踏实、恪尽职守、精益求精的工作态度；力求干一行爱一行专一行，努力成为本行业的行家里手；摆脱单纯追求个人和小集团利益的狭隘眼界，具有积极向上的劳动态度和艰苦奋斗精神；保持高昂的工作热情和务实苦干精神，把对社会的奉献和付出看作无上光荣；自觉抵制腐朽思想的侵蚀，以正确的人生观和价值观指导和调控职业行为。

习近平："要做艰苦奋斗、无私奉献的模范，带头站稳人民立场，脚踏实地、求真务实，吃苦在前、享受在后，甘于做一颗永不生锈的螺丝钉。"

1. 朱恒银面对恶劣的工作环境和艰苦的生活条件是怎么做的?

2. 朱恒银在工作中有哪些好的习惯值得我们学习?

3. 朱恒银"地质三光荣"的精神,给了我们什么启示?

第二节　巾帼铁人，创新采油

-------------- 刘　丽

人物简介

　　刘丽，女，1974 年生，中国石油集团大庆油田采油工，曾获"全国劳动模范""全国五一劳动奖章""全国五一巾帼标兵""全国技术能手""中华技能大奖""中国质量工匠""最美职工""中央企业百名杰出工匠"等荣誉和称号，享受国务院政府特殊津贴。她扎根生产一线 28 年，秉承"大庆精神、铁人精神"，立足岗位干事创业，在工作中不畏艰难、勇于挑战，以"当个好工人，工作干到最好，技术练到最精"为座右铭，用燃烧的激情和傲人的业绩，镌刻了石油工匠的精彩人生。多年来，她积极开展岗位创新和技术研发，累计创造革新成果 200 多项，独创"高含水油井密封"等技术，解决油气生产领域难题 300 余项，总结多项先进操作法，编著的 28 部技术培训教材在我国石油行业被广泛推广应用。以她的名字命名的创新工作室拥有成员 531 人，研发技术革新成果 1 048 项，推广成果 5 000 多项，提出合理化建议 1 000 多条，总结先进操作法 100 多种，形成技能绝活儿 300 多项，创造经济效益 1.2 亿元。

| 人物故事 |

出生在黑龙江大庆的刘丽，是听着"铁人"王进喜的故事长大的，她的父亲曾和王进喜一同参与大庆油田会战。"大庆精神""铁人精神"一直像一面旗帜，激励着她不断向前。

刘丽人物故事

"别看上技校出来是当工人，当工人一样有出息。"1993 年，父亲的话鼓舞着 19 岁的刘丽，走进大庆油田有限责任公司第二采油厂。顶着全校第一的名声，她换上崭新的红色工装，成为采油 48 队的一名工人。

采油队每天都要和近十米高的抽油机打交道。刘丽第一次近距离站在抽油机下，看到一个个"庞然大物"在"叮叮当当"的巨大声响中运转，傲气瞬间缩减了一半。

抽油机的日常维护工作体力消耗大，且必须长时间野外作业，所以采油队很少有女工。队长为了考验刘丽，上班第三天就让她独立顶岗。这一安排反倒激发了刘丽的好胜心。

重达 30 千克的皮带，男性工人更换都很吃力，刘丽却硬是铆足了劲儿，自己拖着皮带爬到了操作台，引来老师傅们不断的赞叹。5 个月后，刘丽纤弱的双肩磨出了水泡、双手磨出了老茧，却创造了队里 15 秒更换皮带的纪录。上班第二年，刘丽就被选为矿上的"排头兵"。紧接着，21 岁的刘丽成为油田为数不多的女井长，主管 30 多口油井的维修与保养。

时间久了，刘丽对工作有了更多思考，干活不能仅靠体力，还要学习、创新。当时，油田上洗井的工具又多又重，骑车驮着工具到相隔几千米外的井口会让人直喘粗气。刘丽仔细琢磨后，把撬杠、管钳、扳手和螺丝刀等工具组装成一套，质量从 15 千克降到 2.5 千克，且方便使用。体会到发明的乐趣后，刘丽便在创新的路上一发不可收拾。

油井每隔一两个月就要更换盘根密封圈，防止井液泄漏，这是采油工眼里最头疼的活儿。尤其是冬天，橡胶材质的密封圈极易碎裂，从又窄又长的盘根盒内把它们抠出来，有时需要耗费 1 小时。一次，刘丽蹲在井上，看着盘根盒想：这盘根要是能自己转出来就好了。

一天，当她拿起口红旋转时，瞬间来了灵感。拆解口红摸清构造后，她立马着手设计加工。不久，新型的"上下可调式盘根盒"成功安装到大庆油田 6 万多口油井上。进行了五代改进后，密封圈更换时间从过去的 40 分钟缩短到 10 分钟，使用寿命延长了整整 6 倍，还使每口井日节电达到 11 千瓦时。

一个人的力量毕竟有限，刘丽很早就想组建自己的创新创效团队，拉着大家一起搞发明。2011 年，刘丽工作室成立。从最初两个人的团队，逐步发展为涵盖采油、集输等 35 个工种，拥有 537 名成员的创新创效联盟。

在刘丽的工作室，铁人王进喜的缩小版雕像同她工作 29 年获得的一排排证书摆在一起。"有条件要上，没有条件创造条件也要上"，这是铁人王进喜的经典语录。心怀铁人精神，刘丽将自己的座右铭定为，"不相信侥幸，要付出 200% 的努力"。

如今，那个初见抽油机两腿哆嗦的小姑娘，已经成为中国石油天然气集团有限公司技能专家协会主任，刘丽不仅在大庆油田家喻户晓，还成为万众瞩目的大国工匠。

今天，刘丽正同一大批中国石油技能专家一起，开拓着油气勘探领域的新路径。新时代，站在大庆 6 000 多平方千米的油田上，刘丽带着属于她的那抹"石油红"，继续不断向前。

在刘丽的眼里，只要是工作中不顺手、不方便、效率不高的地方，都可以创新。20 多年来，刘丽取得的创新成果有 145 项，抽油机井调平衡专用工具、防盗维修封井器等获得国家专利的项目就有 28 项。刘丽的创新热情也在影响着身边的同事，她的工作室成员已经超过 500 人，涉及 30 多个工种。

熟悉刘丽的人都知道她是一个对工作追求完美的人，却很少知道背后的原因。1997 年，23 岁的刘丽经过层层筛选，赢得了代表大庆油田参加全国青年岗位能手技能比赛的机会。在比赛中，她背着 35 千克的皮带完成作业只用了 15 秒，这一纪录至今无人打破，但由于一个小失误，最终得到了第三名。

从参加工作到现在的 20 多年，1 万个日日夜夜，刘丽都是用这样的"匠人"精神在打磨自己。19 岁，她以全校第一名的成绩从技校毕业，成为一名石油工人。从步入石油岗位的第一天起，刘丽就全身心地投入工作中，28 岁被聘为"采油技师"，32 岁被评为"油田公司技能专家"，35 岁成为大庆油田最年轻的"集团公司技能专家"，42 岁成为全国五一劳动奖章获得者，享受国务院政府特殊津贴，44 岁成为全国技术能手，45 岁成为大国工匠、全国质量工匠。百余项沉甸甸的奖杯，是刘丽 26 年奉献油田的汗水结晶，更是传承弘扬大庆精神、铁人精神的体现。

2019 年 5 月 4 号，刘丽出现在了央视的荧屏上，逾 7 分钟的播出篇幅，讲述了大国工匠刘丽的匠人故事。从"小舞台"走上"大银幕"，匠人刘丽是一名新时代石油人的杰出代表，她用勤劳的双手和创新的头脑，为百年油田建设发光发热，数十年如一日在基层默默奉献，将全部的智慧与热情倾注给大庆油田。在刘丽的带领下，刘丽工作室团队现在已经研发出 2 000 多个创新产品，被应用到生产一线，节能创效。刘丽个人攻克的大小难题有 200 多个，获得创新成果奖项 145 个，其中国家专利 28 项。

在刘丽的引领下，工人的创新创效积极性被带动起来，每个被通过的、可以被加工为成品的方案都是一个新的发明，刘丽工作室这个技术团队已经在油田小有名气。

采油二厂采油工人说："在整个创作过程中，是刘丽提出创意和想法，但完成是我们整个团队在帮助他完成。厂里的资金支持还帮助他完成，可以说员工们没有了后顾之忧。"

现在已经有 2 000 多个创新产品走出刘丽工作室，被应用到生产一线，节能创效。

刘丽："老一代石油人的这种艰苦奋斗、爱国创业的精神，在我们身上不仅要传承，更要更好地发扬下去。现在我们就在这个平凡的岗位上，我们就尽量减少一分油田生产的投入，尽量使油田的收益扩大一分，那就是我们的贡献。"

案例评价

刘丽是一位新一代的"石油人"，她在采油一线工作了近30年，为油田的高产和稳产做出了巨大的贡献。

与过去依靠地层压力就能喷出石油不同，现代采油开发难度越来越大，需要依靠创新来实现突破。刘丽在这方面取得了很多成果，她研发的各类成果数不胜数，部分成果填补了国际国内技术空白。

作为一名女性工人，刘丽在男性主导的行业中展示了出色的能力和毅力。她独立顶岗，在抽油机的日常维护工作中表现出色，重达30千克的皮带她自己拖着爬到操作台，创造了队里15秒更换皮带的纪录。

此外，刘丽还展示了自己的创新才能。她将撬杠、管钳、扳手和螺丝刀等工具组装成一套，将重量从15千克降到2.5千克，方便了工人的操作，减轻了他们的劳动强度，同时也提高了工作效率。

作为新一代的"石油人"，刘丽不仅拥有技术能力，更有创新精神和对工作的热爱，为行业的发展做出了积极贡献。

刘丽："一丝不苟做精品，精益求精铸油魂。"

人物引领

　　王进喜（1923 年 10 月 8 日至 1970 年 11 月 15 日），出生于甘肃省玉门市赤金堡（祖籍陕西省渭南市大荔县羌白镇焦家村），是中国黑龙江省大庆市大庆油田石油工人，是中华人民共和国第一批石油钻探工人，也是全国著名的劳动模范。1938 年，15 岁的王进喜进入玉门石油公司当工人，中华人民共和国成立后历任玉门石油管理局钻井队队长、大庆油田 1205 钻井队队长、大庆油田钻井指挥部副指挥。1956 年他加入中国共产党。他率领 1205 钻井队艰苦创业，打出了大庆第一口油井，并创造了年进尺 10 万米的世界钻井纪录，展现了大庆石油工人的气概，为我国石油事业立下了汗马功劳，成为中国工业战线一面火红的旗帜。王进喜以"宁可少活二十年，拼命也要拿下大油田"的顽强意志和冲天干劲，被誉为"油田铁人"。1959 年，王进喜在全国群英会上被授予"全国先进生产者"称号。王进喜是中共第九届中央委员、第三届全国人大代表。

　　1959 年，他作为石油战线的劳动模范到北京参加群英会，看到大街上的公共汽车，车顶上背个大气包，他奇怪地问别人："背那家伙干啥？"人们告诉他："因为没有汽油，烧的煤气。"这话像锥子一样刺痛了他。王进喜后来说："北京汽车上的煤气包，把我压醒了，真真切切地感到国家的压力、民族的压力，呼地一下子都落到了自己肩上。"他曾多次向工友们说："一个人没有血液，心脏就停止跳动。工业没有石油，天上飞的，地上跑的，海上行的，都要瘫痪。没有石油，国家有压力，我们要自觉地替国家承担这个压力，这是我们石油工人的责任啊。"

　　1960 年春，我国石油战线传来喜讯——发现大庆油田，一场规模空前的石油大会战随即在大庆展开。王进喜从西北的玉门油田率领 1205 钻井队赶来，加入了这场石油大会战。一到大庆，呈现在王进喜面前的是许多难以想象的困难：没有公路，车辆不足，吃和住都成问题。但王进喜和他的同事下定决心：有天大的困难也要高速度、高水平地拿下大油田。钻机到了，吊车不够用，几十吨的设备怎么从车上卸下来？王进喜说："咱们一刻也不能等，就是人拉肩扛也要把钻机运到井场。有条件要上，没有条件创造条件也要上。"他们用滚杠加撬杠，靠双手和肩膀，奋战3天3夜，38米高、22吨重的井架迎着寒风矗立荒原。这就是会战史上著名的"人拉肩扛运钻机"。要开钻了，可水管还没有接通。王进喜振臂一呼，带领工人到附近水泡子里破冰取水，硬是用脸盆水桶，一盆盆、一桶桶地往井场端了50吨水。经过艰苦奋战，仅用5天零4小时就钻完了大庆油田的第一口生产井。在重重困难面前，王进喜带领全队以"宁可少活二十年，拼命也要拿下大油田"的顽强意志和冲天干劲，苦干5天5夜，打出了大庆第一口喷油井。在随后的10个月里，王进喜率领1205钻井队和1202钻井队，在极端困苦的情况下，克服重重困难，双双达到了年进尺10万米的奇迹。在那些日子里，王进喜身患重病也顾不上去医院；几百斤重的钻杆砸伤了他的腿，他拄着双拐继续指挥。一天，突然出现井喷，当时没有压井用的重晶粉，王进喜当即决定用水泥代替。成袋的水泥倒入泥浆池却搅拌不开，王进喜就甩掉拐杖，奋不顾身跳进齐腰深的泥浆池，用身体搅拌，井喷终于被制服，可是王进喜累得站不起来了。房东大娘心疼地说："王队长你可真是铁人啊！""铁人"的名字就是这样传开的。王铁人为发展祖国的石油事业日夜操劳，终致身心交瘁，积劳成疾，于1970年患胃癌病逝，年仅47岁。

王进喜身上体现出来的"铁人精神"，激励了一代又一代的石油工人。"铁人"不仅是工人阶级的先锋战士、共产党人的楷模，更是为国家分忧解难、为民族争光争气、顶天立地的民族英雄。

王进喜："宁可少活二十年，拼命也要拿下大油田。"

 **工匠知识小课堂**

敬业精神的表现形式

敬业精神的表现形式包括以下几种。

1.忠于职守：敬业精神的首要表现是忠于职守。员工要热爱自己的工作，全身心投入，尽职尽责，做好本职工作，为企业和社会的发展贡献力量。

2.尽职尽责：敬业精神还表现为尽职尽责。员工应该认真对待工作，对工作负责，发挥自己的能力和潜力，做到尽心尽力，不马虎应付，不推卸责任。

3.勇于担当：敬业精神还需要勇于担当。在工作中遇到困难和挑战时，员工应该敢于承担责任，不逃避、不退缩，积极解决问题，努力完成工作任务。

4.精益求精：敬业精神还需要精益求精。员工应该不断追求进步，不断改进工作，不断提高自己的技能和能力，创造更好的工作成果。

5.终身学习：敬业精神还需要终身学习。员工应该不断学习新知识、新技能，不断更新自己的知识结构，适应时代的发展和工作的变化，不断提高自己的综合素质。

总之，敬业精神的表现形式是多种多样的，员工应该根据自己的职业特点和工作环境，积极发挥敬业精神，为企业和社会的发展做出贡献。

习近平："大庆油田的卓越贡献已经镌刻在伟大祖国的历史丰碑上，大庆精神、铁人精神已经成为中华民族伟大精神的重要组成部分。"

1.在刘丽的眼里，只要是工作中不顺手、不方便、效率不高的地方，都可以创新。她勇于创新的精神体现在哪些地方？

2.刘丽在工作中追求卓越、精益求精，是如何体现的？

第三节　隧道巨龙，寻梦而行

----------------- 母永奇

人物简介

母永奇，1985 年 9 月生，中国共产党党员，本科学历。他现在是中国中铁隧道局隧道股份有限公司的盾构机主司机，同时也是隧道工高级技师。

作为"大国重器"盾构机的主司机，他以过硬的技术驾驶着"钢铁巨龙"在隧道建设第一线穿梭。他带领青年团队成立了"母永奇盾构机操作技能大师工作室"，并取得了 34 项创新成果。他主持的全断面砂岩地层大直径泥水平衡盾构常压刀盘、刀具适应性研究，使我国盾构掘进相关技术跃入国际领跑行列。

人物故事

母永奇人物故事

28千米，开了10余年，母永奇形容自己是"世上最慢的司机"。

在未遭遇复杂难掘地层的情况下，一台盾构机平均每年掘进3千米。盾构机主司机从业年限一般在3年至5年，之后大多选择转岗。39岁的母永奇是个例外，他在中铁隧道局集团当了10余年盾构机主司机。

近几年，他开始管理隧道建设项目，大部分时间仍在一线。项目不同，使用的盾构机、遇到的地层情况，都可能有差别，他对此始终保有期待与好奇，不想错失与新设备、新地层打交道的机会。他调侃自己："我和盾构机相处的时间，比跟任何人相处的时间都长。"

"大师"的足迹

家在四川苍溪，电话归属地是浙江宁波，社交平台地址是河南郑州，创新工作室设在深圳、珠海、成都、西藏。这些年，母永奇的足迹遍布全国各地。

同事称母永奇为"大师"。他先后参建宁波、郑州、成都等城市的地铁，佛莞城际铁路狮子洋隧道、深圳春风隧道等，是国内少有的全面掌握隧道施工主流盾构机型的专家人才。

建设宁波地铁1号线时，盾构机要穿越铁路桥、文物遗址等地段，地表沉降要控制在4毫米以内。按当时的技术，沉降控制在10毫米以内，就达到国际先进水平，但母永奇与技术人员最终将沉降控制在了2毫米以内。

在佛莞城际3标项目，使用的进口盾构刀具1把6.8万元，只掘进20环就达到磨损极限。母永奇联合国内厂家，改进国产刀具，研发出19寸分体式双刃镶齿滚刀，将成本降至5万元1把，使用寿命提高到掘进60环换1次刀具。

10多年来，母永奇带领团队完成的技术创新成果达36项，攻克了软土地层沉降控制、砂质地层盾构掘进渣土改良、大直径水下铁路盾构隧道建设等技术难题，创造经济效益超千万元。

全国五一劳动奖章、"全国技术能手"、"全国青年岗位能手"、2022年"大国工匠年度人物"……凭着过硬的技术，属于母永奇的荣誉接踵而至。

掘进之道

盾构机轻则数百吨、重则数千吨，有液压、机械、电气、流体、环流五大系统，30多个子系统，5万多个零件。这个"庞然大物"的操作，全掌握在盾构机主司机手里。

2010年，母永奇刚入职就接到"3个月会开盾构机"的任务，他怕学不会。当时，国产盾构机市场处于发展初期，技术培训不成熟。母永奇能仰仗的，只有负责盾构机售后技术指导的几位师傅，他每天跟着他们看、记、练。

对母永奇来说，职业生涯首个重要节点在2014年，他参加了河南省产业系统职工技能竞赛暨中铁隧道集团第八届职工技术比武盾构操作工比武，获得第一名。这让他觉得，努力没白费。

也是在比赛中，他从同行那里学到两个好习惯，每掘进一环，就要查看渣土状态、巡查设备情况。前者是为了解地层变化，以便提前调整操作技术，后者是为避免设备故障。

这些习惯，影响着母永奇的渣土改良、姿态控制、紧急情况应急操作等方面技术的提升。这些技术掌握不好，可能造成机器损坏、地表沉降塌方、隧道轴线偏离等后果。"我的技术水平都很高。"屏幕对面，母永奇语气坚定自信。

"匠心"无止境

在大地深处探索的这些年，母永奇把工作心得一一记录下来。盾构机组装，系统构造解析，掘进操作技巧、常见问题及应对措施……翻阅他的笔记，仿佛在读专业书。

精进技术的同时，困惑和遗憾也伴随出现。幽深的隧道里，每天连续12小时工作在几平方米的控制室，被噪声、湿热的空气包裹，与外界断联。母永奇入职最初，也不时被孤独感侵袭，自己偷偷抹眼泪也是常事。

母永奇习惯从老一辈隧道工人那里汲取能量。外公韩礼芳参建老成昆铁路时，年仅19岁，那一代隧道工人靠着"一杆风枪、一把铁锹、一辆推车"，就把天堑变通途。每当想到这里，他又添了几分前进的底气和力量。

目前，母永奇最想做两件事。一是重新总结以前遇到的问题和处理方法，供大家学习参考。二是培养人才，改变"行业缺人、留不住人"的现状，他给自己设立的目标是带出100名盾构机主司机，现在已经有48名盾构机主司机在他手下出徒。

母永奇："要善于发现自己的优点，发挥自己的长处，这样才能更好地实现自己的价值。"

| 案例评价 |

母永奇是一位非常有才华的工匠，他在自己的研究领域里有着非常深厚的技术功底和丰富的经验。他不仅能够独立完成各种复杂的工艺品制作，还能够带领团队完成大型工程项目。他的技术水平和领导能力都是非常出色的，这也是他能够在工匠领域里获得成功的重要原因。

除了技术和能力，母永奇还有一颗非常执着的心。他对自己的工作非常热爱，对每个细节都非常认真。他不断地追求卓越、不断地挑战自己、不断地超越自己。他的执着和坚持，让他在工匠领域里成为一位非常有影响力的人物。

母永奇还通过成立"母永奇盾构机操作技能大师工作室"，带领青年团队进行技术创新，取得了34项成果。他主持的全断面砂岩地层大直径泥水平衡盾构常压刀盘、刀具适应性研究，使我国盾构掘进相关技术跃入国际领跑行列。

综上所述，母永奇是一位非常有才华、执着、热爱工作的工匠，他的技术和领导能力都非常出色，他在自己的领域里取得了非常出色的成就，并且通过自己的努力和坚持，成为众人瞩目的焦点。

母永奇（左二）在中国青年五四奖章获奖颁授现场

母永奇："在未来的工作中，我将时刻谨记习近平总书记的殷切期望，不忘初心、牢记使命，深入钻研、勇于创新，迎难而上、敢为人先，努力成长为行业骨干、青年先锋，为推动高质量发展、实施制造强国战略贡献青春力量！"

人物引领

王杜娟，中铁工程装备集团有限公司总工程师。

她，下井坑，走遍了国内地铁在建城市，攻克了多项世界性施工难题，用双脚绘出自己的"产业报国梦"；她，工作 12 年，和团队一起完成盾构机设计 700 余台，打破了 100 多年来只有发达国家才可以设计生产盾构机的神话；她，怀揣着"装备中国，装备世界"的美丽梦想，历尽艰辛攻占国内 1/3 盾构机市场，使中铁装备人"国内第一、比肩世界"的梦想提前开花。

家境贫困，骨子里却不服输

"最开始做盾构机，只是因为当初的不甘心，希望能掌握核心技术造出中国人自己的盾构机而扬眉吐气。"这是王杜娟最初的梦想。

王杜娟出生于陕西省扶风县一个世代农耕的家庭，是一个地地道道的农村姑娘。

1997年，王杜娟走出黄土高原，考入了石家庄铁道学院机械工程学院工程机械专业。由于家庭贫困，王杜娟便通过勤工俭学挣生活费，4年时间，1 400多个日夜，一直坚持到大学毕业。

"成绩优秀、有毅力、能吃苦"，这是王杜娟当时给辅导员留下的深刻印象。

不懈努力，成功研制盾构机

2001年7月，王杜娟走出校园进入中铁隧道集团工作，8年间辗转隧道集团一处、中隧股份、设备制造公司等多个单位及岗位。

从此以后，车间少了一个"女娃子"，多了一个"小伙子"。修机器、拆零件、搬设备、开行吊，她都亲力亲为，一天下来，常一身油渍，满手黢黑，要不是扎着马尾辫，根本就看不出来是个女员工。作为一名技术员，在重视实践经验的同时，王杜娟也没有落下理论研究。白天她虚心向老师傅请教，遇到问题亲自动手，现场操作，晚上回到宿舍再翻开大学课本认真研究理论，刨根问底搞懂原理。凭借扎实的理论基础，再加上不断积累的实践经验，一年后的王杜娟被委以重任，成为全车间第一个女项目负责人，先后负责完成了南京地铁后配套碴车设计制造、开敞式混凝土罐车封闭式改造等项目。

后来，中铁隧道集团盾构机研发项目组正式成立，大学刚毕业一年多的王杜娟成为项目组18位成员之一。"对于我们来说，别说研发盾构机了，很多人连见都没有见过。"回忆起当初的情景，王杜娟笑着说，盾构机是集机、电、液、气、传感于一体的大型自动化掘进设备，零部件有1万多个。当时没有技术，没有指导，一切都要从零开始。

研发项目启动后，王杜娟及其同事做的第一件事，就是看盾构机。国内凡是有地铁施工的城市，他们跑了个遍。他们钻到隧道内，和盾构机零距离接触。她回忆说："当时的压力太大了，工作量大还不是关键，关键是不知道能否成功。企业投入4 000万元资金用于盾构机的研发，如果不成功，这些钱就打了水漂。"

经过两年的不懈努力，2008年4月，王杜娟和她的同事终于成功研制出我国第一台拥有自主知识产权的复合土压平衡盾构机，其整机性能达到国际先进水平，多项关键技术达到国际领先水平，填补了我国在这一领域的空白。

设备随后被应用到天津地铁项目。业主单位起初以为是台进口盾构机，便将这台机器用在施工难度最大的标段，地表以上是渤海大楼、张学良故居、瓷房子等组成的历史文化街区。施工验收时，发现在各个施工标段中，这台盾构机的成绩最优，不但掘进速度快，地表沉降控制得也很好，沉降控制到了3毫米以内。这时，王杜娟和同事才松了一口气，才敢告诉业主这是一台国产盾构机，而这台功勋盾构机也被命名为"中铁一号"，王杜娟为此获得河南省科技进步一等奖、中国铁路工程总公司科学技术特等奖。

2009年12月，中铁隧道装备制造公司成立，为王杜娟搭建了一个实现更大梦想的平台。两年间，王杜娟主持完成了重庆轨道交通9台硬岩盾构机、成都地铁17台盾构机、深圳地铁5台盾构机的设计任务。2012年，顺利完成马来西亚2台盾构机设计，实现了"中国中铁盾构机"冲出国门、走向世界的梦想。2013年4月，中国中铁号盾构机突破120台，达到128台。

破除大锅饭，不断改进管理工作

2010年2月，王杜娟被任命为设计研究院副院长，除了分管总体设计等技术工作，还要负责人事、行政等管理事务。当时的王杜娟对管理工作还只是一个门外汉。然而，在她上任3个月后发生的一件事却深深地触动了她的神经，也促使她重新审视管理工作。

2010年5月，一名入职近3年、大家公认的好苗子向王杜娟提请辞职，这在全院引起了不小的震动，当王杜娟找到这位员工了解原因时，他只说了一句话："我在我们这个团队里感受到的只有和谐，缺少竞争。"

"一个和谐的氛围能否支撑起一个向上的团队？如何才能建立一套良性的竞争机制，避免优秀人才的流失？怎样才能给年轻员工一个更大的发挥平台和发展空间？"

王杜娟发现，以研究院当前的管理体系，员工的岗位晋升仍以工作资历为第一要素，员工的薪酬调整仍以年限为主要依据，团队中每个成员任务完成的多少、好坏缺乏评判机制，即使有评判也无奖惩……这些管理上的缺陷招招致命。

"研究院要保持活力发展，必须改革现有大锅饭式的管理制度，推行绩效考核，实现能者上，庸者下。"经过近两个月的调研后，王杜娟在她编写的《设计研究院绩效考核改革实施方案》中写下了这句话。

很快，公司同意以设计研究院为试点开展绩效考核，同时，任命王杜娟为院绩效考核改革小组组长，负责考核方案的制订、推广及落实。2010年7月，设计研究院绩效考核改革正式开始。

"当改革推行时，你才真正感受到那种压力和挑战，绝不亚于当初的盾构样机制造，"王杜娟说，"管理工作很难，但管理好了所带来的效益绝不逊于技术。管理和技术的本质相同，都需要创新和胆识。"

2011年初，装备公司提出了一主多元的发展战略，工作之余，王杜娟开始思考研究院在科研开发领域的发展规划，提出研究院"两条腿走路"的发展规划，即在盾构机研发上坚持"横向到边，纵向到底"的路线，一方面扩大盾构产品族系，实现土压平衡盾构、泥水盾构、大小直径盾构、矩形盾构等多类型多品种均衡发展，另一方面提升盾构产品品质，加快对电气、液压、流体系统、结构总体以及刀盘的优化设计和标准化工作，不断提高盾构产品科技含金量，以品质赢市场。而在非盾构产品研发上，以煤矿掘进设备、隧道施工设备为主要对象，开展安全、环保、节能、高效的煤矿巷道快速掘锚一体机、凿岩台车、湿喷机等产品的开发。

为适应此发展规划，2011年6月，王杜娟迅速在全院开展组织机构改革，研究院更名为设计研究总院，在原有盾构5个专业所的基础上，进行人员分流，新成立煤机、TBM、隧道专用设备等设计研究所，并成立桩机分院。至此，设计研究总院形成了8个专业设计所、1个专业设计分院的设计研发组织体系，一主多元的发展格局初步建立。近两年的发展实践证明，这条"摸着石头过河"的路走对了，不仅盾构产品品质不断提升，市场占有率节节攀高，其他研发设备也逐步完成设计制造，陆续推入市场。

国家标准，秉承工匠精神

2014年5月10日，习近平总书记来到中铁装备视察，王杜娟当面向习近平总书记汇报了他们研发的产品。"当时总书记对我们说，装备制造业是一个国家制造业的脊梁，希望我们掌握更多的核心技术，让中国品牌叫响世界。"王杜娟说。

牢记习近平总书记的嘱托，近年来，王杜娟和她的团队不断攻克技术难题，先后设计制造了世界最大直径矩形盾构机、世界最小直径硬岩TBM、世界首台马蹄形盾构机、世界首台联络通道专用盾构机、15米级超大直径泥水盾构机……一系列新产品的问世，不断刷新中铁装备创造的一项项纪录，实践着从"中国制造"向"中国创造"的跨越。

在王杜娟和她的团队的努力下，如今，中铁装备横向已形成"大""小""异型"不同断面以及土压、泥水、硬岩等不同应用领域的全系列盾构机产品，产品遍布国内北京、辽宁、河南、四川等40多个省份。2012年，由她主要负责设计的两台盾构机出口至马来西亚，其中一台创造了最高月推进347.2米的马来西亚施工纪录。凭借优秀的设计、过硬的质量和周到的服务，"中国盾构"逐渐在海外市场受到欢迎。截至2018年，王杜娟和她的团队设计制造的盾构机已远销新加坡、马来西亚、印度、黎巴嫩、以色列、越南、韩国等16个国家。

2017年，中铁装备产销量世界第一，但让王杜娟最开心的，是另一件事——这一年，《全断面隧道掘进机术语和商业规格》等5项国家标准发布会在中铁装备国家TBM产业化中心举行。至此，王杜娟已经主编、参编各类标准15项，其中主编盾构机国家标准5项、行业标准2项。

国家标准的制定为中国掘进机与国际接轨提供了基础和保证，也为国产掘进机在全球市场竞争中增加了话语权。但王杜娟知道，要推动中国掘进机的国际化、品牌化，实现从"中国产品"向"中国品牌"的转变，重点是要加快掘进机行业国际标准的制定。标准是制高点，是话语权，更是核心竞争力。

"今天，中铁装备虽然是中国最大、全球第二的盾构机研发和制造基地，是世界上能够独立生产并拥有知识产权的三大装备企业之一，但我们的国际化之路还有很多工作要做，我们的盾构机质量还需要不断提升，这就给我们提出了更高的要求。"王杜娟说，要提升中国制造的质量水平，就必须加强基础研究和应用基础研究，大力弘扬工匠精神。

> 王杜娟："我们面临的挑战还很多，作为科技工作者，要牢记习近平总书记的殷殷嘱托，为打造世界一流隧道掘进机品牌贡献力量。"

工匠知识小课堂

敬业精神的培养与实践

树立正确的职业观念：认识自己的职业，了解职业的特点和价值，对职业有正确的观念和态度，从而树立正确的职业观念。

培养责任感和事业心：对工作负责，尽职尽责，把工作当成自己的事业来经营，不断追求进步和提升自己的工作能力。

努力学习和提高技能：不断学习新知识和新技能，提高自己的综合素质和专业技能，不断更新自己的知识结构，适应时代的发展和工作的变化。

注重工作质量和细节：认真对待工作，注重工作质量和细节，不马虎应付，不断提高自己的工作水平和质量。

坚持长期奋斗和奉献：敬业精神需要长期奋斗和奉献，不断追求自己的职业目标，不断努力实现自己的职业理想，为企业和社会的发展做出贡献。

总之，敬业精神的培养与实践需要不断地努力和付出，只有坚持长期的奋斗和奉献，才能真正培养出敬业精神，为企业和社会的发展做出更大的贡献。

习近平："希望广大劳动群众大力弘扬劳模精神、劳动精神、工匠精神，诚实劳动、勤勉工作，锐意创新、敢为人先，依靠劳动创造扎实推进中国式现代化，在强国建设、民族复兴的新征程上充分发挥主力军作用。"

1. 母永奇的"掘进之道"是怎么锻炼和提升起来的?

2. 母永奇的"匠心"无止境,是如何体现的?

3. 母永奇最想做哪两件事? 你现在最想做的是什么事?

第四节　天车"空姐"，负重首发

---------------- 田得梅

人物简介

　　田得梅，青海省海东市互助土族自治县人，中国水利水电第四工程局有限公司机电安装分局桥式起重机司机，白鹤滩机电安装工程项目部天车班班长。

人物故事

　　田得梅是中国电建水电四局白鹤滩机电安装工程项目部天车班班长，虽然是位"90后"，却已经从事桥机（桥式起重机，又称"天车"）驾驶工作16年，是一位名副其实的"老师傅"。2023年2月28日晚，田得梅成功入选2022年"大国工匠年度人物"，成为十位大国工匠中唯一的女性。

田得梅人物故事

时光追溯到2007年，田得梅从技校毕业，来到了位于青海省海南州的拉西瓦水电站。这里共安装了6台单机容量为70万千瓦的水电机组，是黄河上装机容量最大的水电站。刚入职，田得梅便被项目部浓厚的技术氛围所感染。做一个有真本事的人，对得起父母的养育和老师的栽培，成为她最初的梦想。

吊装作业属于危险性作业，经过几天学习，天车班的新手仍无一人敢上手操作。为确保安全，田得梅别出心裁，每当桥机空闲下来，她便"挂空钩"练习。熟悉了操作方法后，她又逐步增加吊物重量。慢慢地，她已经可以独立操作吊装难度较大的设备。

拉西瓦项目结束后，田得梅来到了龙江水电站，再次出色完成任务后，她又被派往向家坝水电站机电安装工程项目。不同于其他工程，向家坝水电站安装了当时世界上单机容量最大的80万千瓦水轮发电机组。首台机组转子吊装当天，看着前辈操控桥机将1 860吨的转子顺利吊装就位，同是天车工的田得梅心中满是羡慕。她暗下决心，一定要成为优秀的天车司机，有朝一日扛起铸就大国重器的重任。

桥机是运行在高架轨道上的一种桥架型起重机，田得梅就是这种起重机的驾驶员。"开桥机就像开汽车一样，不同的司机给乘客带来的乘坐体验不同，千万不能简单地认为我们只是把设备或材料从一个地方吊到另一个地方。"刚入行，师父杨玲玲的话便在田得梅心中埋下了"平稳驾驶"的种子。如何把这些特殊的"乘客"舒适地吊送至指定区域，成了田得梅清晰的探索方向。"手动换挡要注意逐挡增加或减少，接近吊点时要判断距离提前减速避免急停，开关按钮和操控手柄时动作要平稳，不猛拉猛拽猛按……"每发现一个驾驶小窍门，田得梅都会继续摸索，直至完全找到"手感"。日积月累，田得梅总结出了"眼看、耳听、鼻闻、脑想、手脚动"的"人机一体"操纵技巧。

田得梅深知，作为一名合格的天车司机，不仅要有高超的操作技能，更要具备过硬的心理素质和高度的责任心。为了让自己在工作中静得下心、沉得住气，大大咧咧的田得梅特意买了毛线和十字绣磨性子。随着绣工不断提升，田得梅变得更加沉稳、细心起来。慢慢地，她得到了越来越多同事的认可。和田得梅经常配合的起重师傅常慧周这样说："得知开桥机的是田得梅，我的心里就格外踏实。"

大国工匠，是一股拼劲

白鹤滩水电站位于云南省巧家县和四川省宁南县交界处的金沙江干流河段。每至晨昏，汽雾氤氲，萦绕峰峦，7台颜色各异的缆机矗立于高山峡谷间，尽显国之重器的宏伟壮观。然而建设初期，这里并非如此景象。

2019年4月，中国电建水电四局白鹤滩机电安装工程项目部刚刚成立，29岁的田得梅将家中两个年幼的孩子托付给父母，奔赴白鹤滩，成为项目"开荒者"之一。

开工初期，白鹤滩水电站左岸安装间场地被土建杂物占用。为尽快施工，项目部唯一的天车工田得梅承担起了清理场地杂物、吊装设备材料的重任。时间紧、任务重，田得梅经常两台桥机换着开，以每天超过12小时的高强度作业，在短短几周时间里完成了项目前期准备工作。

2020年8月18日，白鹤滩水电站全球首台百万千瓦水电机组转子迎来吊装时刻。"此次吊装，转子与定子之间的最大间隙仅51毫米，操作必须一次成功""2 100吨，已超过单个桥机的承重上限，需要两台桥机并机操作""转子进机坑后的微调，误差必须控制在分毫之间"，一旦出现转子晃动的情况，后果不可描述……一组组数据、一个个场景，还原了这项工作对操作者的严苛要求。田得梅主动请缨，接受了这次挑战。能否顺利完成吊装，田得梅当时心里也没底。之前的向往和期待，在这项挑战面前反而给了她更大的压力，让她在吊装前的几个夜晚辗转反侧、难以入睡，连吃饭时握着的两根筷子都经常被她当作操纵杆模拟吊装情景。

为确保吊装成功，田得梅带领班组成员一次次模拟转子吊装过程，详细讲解各个重要关键点注意事项，并选择在更加脆弱的鸡蛋上进行训练，终于解锁了毫厘间的操作密码。最终，面对5厘米的误差限制，在眼睛无法看到的情况下，田得梅凭借出色的作业水平，一次性顺利完成全球首台百万千瓦水电机组转子吊装。22天后，白鹤滩水电站2号机组转轮实现成功吊装。2021年6月28日，白鹤滩水电站首批机组顺利投产发电。

工匠精神，是一线传承

16 年来，田得梅以天车工的身份辗转奋战在水电工程建设一线，见证着我国水电事业从跟跑到并跑再到领跑的快速发展。一次次磨砺中，田得梅也从曾经的"徒弟"变成了别人的"师父"。作为天车班班长，田得梅坚持通过"传帮带"，把自己的吊装技术和吊装安全心得毫无保留地传授给班里的每位天车工。由此，她被中国电建水电四局机电安装分局评为"金牌导师"。

田得梅说，自己对待桥机驾驶间，就像是看自己的家一样。她要求每名天车班成员在作业前"提前半个小时上桥机进行试车，并对桥机状况进行全面检查。尤其要检查触电控制器、刹车片、行程限位、警报装置等设施的完好情况"。在田得梅的带领下，她的 6 位徒弟已全部能够独立负责吊装作业。"师父兢兢业业、刻苦钻研的精神，一直影响着我们。我要在天车工的岗位上持续发出光和热，为祖国建设贡献自己的一份力量。"田得梅的徒弟邓满平说。

桥机承载梦想，奋斗铸就辉煌。随着一个又一个重大节点的吊装任务圆满完成，田得梅所带领的天车班荣获了 2021 年"全国五一巾帼标兵岗"称号。正是这群优秀的"天车娘子军"，以执着专注、精益求精、一丝不苟、追求卓越的工匠精神，为"铸就大国重器，打造国家名片"奉献出"四两拨千斤"的巾帼力量。

> 田得梅："专于一业，精于一事。我非常喜欢开天车，这份职业给我带来的是满满的成就感。"

案例评价

"心心专一艺，事事在一工。"正如"大国工匠年度人物"颁奖词所言，田得梅辗转奋战在我国水电工程建设一线，见证着我国水电事业从跟跑到并跑再到领跑的快速发展。作为一名中专毕业的"90 后"工人，她在天车上承载梦想，用奋斗铸就辉煌，在她执着专注、精益求精、一丝不苟、追求卓越的背后，是对我国"工匠精神"的最好诠释。

田得梅："追求完美是我始终坚守的理念，只有无尽的追求，才有可能让自己不断进步。"

| 人物引领 |

1998 年，19 岁的竺士杰从宁波港职业学校港口机械专业毕业，到宁波港吉码头经营有限公司做了一名龙门吊司机。他工作虚心认真，受到同事和领导肯定。两年后，他接受了新的考验，转学桥吊操作技术。桥吊操作要比龙门吊复杂得多，每一项操作都是崭新的，这对竺士杰提出了新的要求和挑战。他从零开始，潜心学习，每天第一个上机，最后一个下机。有时为练好一个动作，在离地 40 多米的桥吊司机室一待就是大半天，直到自己满意为止。经过辛勤付出和不懈努力，他成为同批改行职工中第一个独立上岗的人。

"我从小就是在港口边长大，也是听着甬江上阵阵汽笛声长大的。"竺士杰说。

年幼时，竺士杰的动手能力和身体协调性就十分优秀，他对大型机械与汽车驾驶充满好奇。初中毕业后他选择了宁波港技工学校，学习港机驾驶专业。由于专业和兴趣对口，竺士杰在工作时十分"得心应手"。

"我一开始工作就被分配到龙门吊班，学习驾驶龙门吊操作。龙门吊是集装箱码头的第二大操作机型。当时，我非常开心，能操作这么大型的设备。"竺士杰说。工作两年后，已经是龙门吊高手的竺士杰主动要求到更高更难的岗位上工作，那就是桥吊，又叫桥式起重机。

"桥吊是码头上最大最高的机械设备，驾驶室高度达到49米。看似简单的一抓一吊，其实相当于在16层楼的高空控制吊具，将吊具4个锁头放入集装箱上不到半个手掌大小的锁孔，精准度在2厘米内，所以桥吊司机的工作就好比在高空'穿针引线'。"竺士杰告诉记者。

当时，正值我国加入世贸组织后对外贸易快速发展的重要阶段，法国达飞船公司开通了宁波港到欧洲的航线，每周停靠，要装卸一两千标准箱，为港口原有的装卸效率带来巨大的挑战。

为了缩短船舶在泊时间，公司为此专门成立"达飞突击队"，作为突击队的一员，在不断熟练的操作技能中，竺士杰也有了新的思考：一直以来操作桥吊全凭个人经验，有没有一种方法，可以实现精确稳定定位，并让大家能迅速掌握？

有一天，竺士杰忽然受到了钟摆的启发。有了想法就要付诸行动。现在回想起来，他已经记不清经过多少次实验与计算，才形成了一套"稳、准、快"的"竺士杰桥吊操作法"：新操作法仅需两个步骤就能让秋千般的吊具及货物稳定下来，并精准地落到指定位置，相比老操作法节省时间一半以上。

此后，"竺士杰桥吊操作法"在10多年间不断升级版本，2020年，以竺士杰名字命名的书籍《竺士杰工作法》出版并向全国推广。这套工作法的推广，为浙江海港"世界强港"建设做出重要贡献。

2022 年 4 月，由"竺士杰创新工作室"牵头完成的宁波舟山港首套"岸桥远控模拟系统"正式上线。通过远控操作台 3D 拟真画面，一键即可切换远控作业和模拟远控作业两个模式，实现作业功能与培训功能二位一体。该系统获得第五届中国国际发明创新展览会金奖。

一个行业要可持续发展，离不开技能人才的传承。在宁波舟山港，竺士杰牵头打造"金牌导师"团队，依托"竺士杰创新工作室"累计培训桥吊司机 3 000 余人次，培养各类先进技能人才 17 人。

"在宁波舟山港，我不是一个人，而是一个集体。这些年，我带出了很多徒弟，他们大多已是岗位上的中坚力量，其中不乏全国技术能手、浙江省劳动模范、全国交通技术能手、浙江金蓝领等。"谈及此，竺士杰感到十分自豪。

"我作为一线产业工人，深切地感受到，我们只要立足岗位，有作为就能有未来。"回顾自己的劳模成长之路，竺士杰用五个"心"来概括总结："第一是初心，我的初心就是学好技能，成为一个对社会有用的人。第二是匠心，要在工作中精益求精，不断修炼技能，最大程度提高工作效率。第三是创心，工作熟练到一定程度后，会遇到很多新困难和挑战，及时发现问题，寻找新方法解决问题。第四是师心，一个人优秀，不如一个团队优秀，我带领工作室团队，开发模型化教学，开发远控模拟操作平台，带动和提高后辈的技术技能。最后一个是诗心，我热爱古典音乐，擅长运动和摄影。这些爱好，有助于我积极乐观地生活，也有益于身心健康地投入工作。"

> 竺士杰："只要沉下心来学好技能，以工匠精神、劳模精神引领自己的职业道路，做好每天的工作，一定能够成为有用的人。"

 **工匠知识小课堂**

创新精神的基本内涵

创新精神的基本内涵包括以下几个方面。

1.勇于探索：创新精神需要勇于探索，不断尝试新的方法、新的思路，不断挑战现有的边界和限制，寻求新的突破和创新。

2.独立思考：创新精神需要独立思考，不盲从、不人云亦云，有自己的想法和见解，能够从不同的角度去看待问题和解决问题。

3.敢于尝试：创新精神需要敢于尝试，不害怕失败和挫折，勇于实践自己的想法和理念，不断尝试新的方法和途径，探索新的可能性。

4.开放心态：创新精神需要开放心态，欢迎来自不同领域、不同文化、不同背景的思维碰撞和灵感启迪，能够包容和接纳不同的观点和意见。

5.持续学习：创新精神需要持续学习，不断更新自己的知识和技能，跟随时代的发展和技术的进步，保持对新鲜事物的好奇心和求知欲。

6.团队协作：创新精神需要团队协作，能够与他人合作共事，发挥团队的力量和优势，共同实现创新的目标和理想。

总之，创新精神是一种积极向上、勇于探索、开放包容、持续学习、团队协作的精神状态和行为态度，是推动社会发展和进步的重要力量。

习近平："技术工人队伍是支撑中国制造、中国创造的重要力量。我国工人阶级和广大劳动群众要大力弘扬劳模精神、劳动精神、工匠精神，适应当今世界科技革命和产业变革的需要，勤学苦练、深入钻研，勇于创新、敢为人先，不断提高技术技能水平，为推动高质量发展、实施制造强国战略、全面建设社会主义现代化国家贡献智慧和力量。"

1. 田得梅总结出的"人机一体"操纵技巧指的是什么？对你的学习和生活有什么启示？

2. 田得梅深知，作为一名合格的起重机主司机，不仅要有高超的操作技能，更要具备过硬的心理素质和高度的责任心。她是怎样锻炼提升自己的心理素质和高度的责任心的？

_____

_____

_____

_____

_____

第三板块

第三章　匠在工艺

　　何福礼、刘更生、李俭康、王素花四位大国工匠分别来自竹编、家具制造、通信和汴绣领域。这些领域都是中国传统工艺的重要组成部分，随着文化自信的提升和消费者对个性化、高品质产品的需求增加，这些领域有着广阔的发展前景。

　　竹编领域：何福礼作为中国竹工艺大师，他的作品深受国内外收藏家和消费者的喜爱。竹编作为中国传统手工艺之一，具有悠久的历史和深厚的文化底蕴。未来，随着环保意识的提高和消费者对绿色、生态产品的需求增加，竹编领域将迎来更多的发展机遇。同时，通过技术创新和设计创新，竹编产品将更加实用、美观和个性化。

　　家具制造领域：刘更生作为中国京作硬木家具制作技艺传承人，他的作品体现了中国传统家具的精粹。随着消费者对家居环境的重视和追求品质生活的需求增加，家具市场将继续保持稳定增长。未来，家具制造领域将更加注重品牌建设、设计创新和文化传承，以满足消费者对个性化、定制化和高品质产品的需求。

　　夏布织造领域：李俭康为荣昌夏布织造领域做出了重要贡献。作为国家级非物质文化遗产，夏布织造具有深厚的文化底蕴和艺术价值，政府重视对其保护与传承，不断投入资源。随着人们对环保、自然材质的青睐，夏布以其天然纤维的特性，在国内外市场的需求逐渐增加。当地企业不断创新，从传统夏布生产向服装、家居饰品等深加工领域拓展。未来，荣昌夏布有望在文化创意、高端纺织等领域取得更大的发展成果。

　　汴绣领域：王素花作为汴绣国家级非物质文化遗产传承人，她的作品具有很高的艺术价值和收藏价值。汴绣作为中国四大名绣之一，有着悠久的历史和独特的工艺特色。未来，随着消费者对传统工艺的认知和喜爱的提高，汴绣领域将有更大的发展空间。同时，通过创新设计和跨界合作，汴绣产品将更加融入现代生活，展现出更加丰富的艺术魅力。

综上所述，何福礼、刘更生、李俭康、王素花四位大国工匠所在领域的发展情况及未来发展趋势都离不开传统工艺的传承和创新，同时也要适应市场需求和科技发展的变化。在未来发展中，这些领域将更加注重品牌建设、设计创新和文化传承，以提升产品的附加值和竞争力，满足消费者对个性化、高品质产品的需求。同时，政府和社会应该加大对传统工艺产业的支持和保护力度，鼓励企业加强技术创新和人才培养，推动传统工艺产业的可持续发展。

第一节　竹编匠人，民族财富

------------------ 何福礼

人物简介

　　何福礼，男，汉族，1944 年 11 月 5 日生，浙江省东阳市人。14 岁为谋生进东阳竹编厂学艺，长期在竹艺编织第一线摸爬滚打，数十年磨一剑，终于从一个小篾匠成长为一代竹工艺大师、高级工艺美术师。同时他也是第二批国家级非物质文化遗产项目竹编（东阳竹编）代表性传承人。

　　何福礼，大师业精于勤，功底深厚，经验丰富，一直是原东阳竹编厂的业务骨干和技术权威。1983 年由其主持编织技法处理的绝世珍品《九龙壁》，独创多种编法，被载入《东阳市志》，成为竹编工艺的一个里程碑。大师为香港特制的《工艺长龙》，全长达 2 500 米，1997 年由港首董建华亲自点睛，并创世界最长舞龙吉尼斯纪录。大师年过六十仍勤劳不辍，不断有新作精品问世。大师致力于培育新人，先后收徒数十人，毫无保留地传授技艺，为东阳竹编事业的发展作出了贡献。

| 人物故事 |

何福礼人物故事

15岁那年，为学手艺挣钱养家，何福礼跟着东阳的一位老篾匠马富世开始学竹编。从当地小有名气的篾匠，到东阳木雕厂的竹编技术骨干，再到"中国竹工艺大师"，何福礼以一个农家孩子的聪慧和勤劳，在竹编工艺的道路上执着前行。当初，何福礼和许多人一样，学一门手艺只是为了填饱肚子。后来，他慢慢觉得竹编不仅仅是一门谋生的手艺，更是优秀的传统文化。何福礼从艺58年来，孜孜追求竹编艺术事业的发展，编织出无数佳作，他的作品被多家博物馆和国内外知名人士收藏，并多次走出国门，走向国际。由其创作的《琴女》《三打白骨精》《龙凤灯》等优秀作品多次受表彰。1983年，何福礼主持编织的绝世珍品《九龙壁》，独创多种编法，被载入《东阳市志》，作品获目前竹编行业最高殊荣——金杯（珍品）奖，成为竹编工艺的里程碑。

1989年何福礼自立门户，创办东风竹编厂。他厚积薄发，迸发出前所未有的创作激情，是目前创作立体竹编作品最多的竹编艺术家之一，其中作品《咏鹅图》《哪吒闹海》《竹编白鹤鼎》《八仙竹丝花篮》《大象》等精品分别获国家级金奖。1997年，他为香港特制的《工艺长龙》，全长达2 500米，由香港特别行政区原行政长官董建华亲自点睛，并创世界最长舞龙吉尼斯纪录。他的代表作品还有《关爱》《吉祥如意》《千禧龙》《海螺》《大熊猫》《母子大花篮》等数十件，分别获国家级、省级大奖。

何福礼业精于勤，功底深厚，经验丰富，一直是东阳竹编的技术权威人士。在故宫面向全国的招贤选拔中，何福礼被故宫选中似乎是命运的一声召唤，也是历史的一次暗合。2005年，何福礼三次应考，攻克了竹丝镶嵌和在国内几近绝迹的"反簧"技术难关，八次进京修缮故宫博物院中最精美最豪华的建筑——乾隆皇帝御书房倦勤斋（竹编部分），使其恢复历史原貌。"倦勤斋"——这个号称是乾隆最豪华的书房，何福礼带领徒弟历时 3 年交出了一份完美的答卷，不仅完美地恢复了濒临失传的竹丝镶嵌和竹黄雕刻等技艺，还独创了桂圆穿孔花、紫藤花、彩色渲染编织法和乱编法等竹编新技法，将中国竹编工艺再一次推向一个新的高度。让全国乃至全世界领略了这位大师的高超技艺，被誉为"天才的艺术家"，大大提高了"百工之乡"东阳的知名度。

前不久，故宫科技部、修缮中心等工作人员再次赶到东阳找到何福礼，邀请他去故宫修缮另一座建筑。据《东阳市志》载，清朝嘉庆、道光年间，东阳数百名木雕艺人曾到京城从事皇宫雕饰。时光流转，岁月轮回。200 年后的今天，何福礼肩负起了"百工之乡"的重托，再一次去履行一项更胜先人的光荣使命。故宫博物院副院长晋宏逵称他为"故宫大修中内装修部分的试验者"，认为其工艺"让人大开眼界"；世界文化遗产基金会副总裁吴·亨利则称何福礼为"天才的艺术家"。当年，何福礼修故宫，轰动一时，传为佳话，使其荣膺"感动金华"十佳之列。

> 何福礼："我是竹编传承人，老祖宗的东西传给我，我再传给下代，下代再传给下代，这样才叫作传承人。"

作为东阳竹编界掌握技法最全面的老艺人，何福礼说："我是竹编传承人，老祖宗的东西传给我，我再传给下代，下代再传给下代，这样才叫作传承人。"

他和其他竹编匠人一样倾注全部心血与工艺，同心协力，继续将"非遗"发扬光大。何福礼深知传承对于一门工艺的重要性。"说到底，我的手艺如何还是其次，最重要的是这门手艺能传下去。"几十年来，很多人来他这里拜师学艺，何福礼的严格，吓跑了不少心意不诚的求学者，留下来的基本都是能沉下心来做手艺的。

不久前，东风竹编厂被列入省级非遗工坊创建名单，成为东阳市首个竹编省级非遗工坊创建对象。2016 年，正在德国游学的何凯舒，被爷爷一个电话"召回"。"竹编学好了，人生一样有意义，你要相信爷爷的话。"和当初反对大儿子做竹编截然相反，这次何福礼是真切看到了传统工艺迎来了发展新机遇，"这些年，不断有年轻人来找我学竹编手艺，基本上是大学生，还有外国留学生，我的孙子为什么不学？他如果学好了竹编手艺，是能永远传承东阳竹编的。外地来的年轻人往往学了几个月就走了，终究是个过客。"在爷爷的教导下，何凯舒从最基本的剖篾学起，逐渐掌握了全套竹编工艺流程，同时他已经能为各个工位顶岗"救急"。祖孙三代家族传承，无疑是这家工坊的最大亮点。家族传承是最紧密的传承，在基因遗传和亲情感召下，它能织出最坚韧的传承链条，几代人积淀的情感、打造的平台，一般的师徒传承很难做到。不同于一般的家族传承，何家祖孙三代对竹编技艺的传承更像是多个角色演绎一场好戏，风格多样，各美其美却又美美与共。

走进何福礼的工作室，犹如走进了竹子的世界：竹椅、竹橱、竹编的天花板……何福礼说，他现在正在尝试打破单一的传统模式，寻求多方面的融合、材料上的结合、人才上的结合等。比如，在紫砂壶、家具、首饰上融入竹编，不仅更美观，也会使其身价翻倍。近年，在坚持创作新作品的同时，何福礼还致力于向外界推广东阳竹编。在各地的高校中，经常看到何福礼为师生讲述竹编故事的身影。义乌工商职业技术学院还专门开设国家级技能大师工作室，邀请他指导师生传承非遗文化。虚心、精心、细心……何福礼怀着对待传统文化的虔诚和敬畏，倾心于手、融情于艺，用丝丝竹条编织片片匠心。

案例评价

中国工艺美术大师、国家非物质文化遗产传承人何福礼大师一贯秉承"低调"的态度，以及"诚实做人，诚信做事"的为人处世原则。作为匠人，何福礼大师对技艺不断钻研，对细节严格把控，多次参与故宫文物修复工作，现在依旧坚持工作在手工艺制作的第一线。何大师的作品《九龙壁》《和和美美》《望月楼》《太平鸟》《十里红妆》等，代表了现代竹编制作的高超技艺。耄耋之年依然兢兢业业，每天坚持在工作台前干活，力求突破自己，做出更棒、更好的作品。何福礼大师在竹编工艺上已经取得巨大的成绩，仍旧秉持"没有高峰，高峰永远在后面"的艺术态度和"做到老学到老"的匠心精神。

何福礼："没有创作就没有传承，没有市场就无法传承。"

| 人物引领 |

汪尚秀的出生地安岳是典型的丘陵地区，气候温和、雨量充沛，有着丰富的竹林资源。依靠这一得天独厚的条件，一代又一代的安岳竹编匠人们编织出了一系列传奇故事。"祖辈都从事竹编行业，我也从小就开始学。"在父辈的影响下，汪尚秀和同辈的兄弟姐妹也尝试着编织竹编画，用竹子做一些有趣的小玩意。年幼的她常常在田间地头就地取材，从简单的选竹、锯竹节开始，那时候手上都是伤口，做出来的东西也不好看，但是没有产生放弃的念头，后面做的次数多了，伤口也就慢慢少了，编织的物件也越来越好看了。

靠着一双巧手编织未来，通过竹编艺术品走出了一条自己的路。从小跟随父辈学习竹编技艺，凭着吃苦

耐劳的精神和极高的悟性，刚成年时，汪尚秀的竹编技艺就达到极高的水平。1990年，她还被原安岳师范学校聘为竹编教师。1995年，她的竹编作品《紫竹观音像》在参加全国艺术品大赛中，荣获四川赛区一等奖。1993年她荣获四川农村青年编织明星大赛优秀奖，1994年作为非遗传承人接受《四川日报》采访，1994年至1997年连续4年被安岳县妇联评为"三八红旗手"……在工作之余，她还多次受邀教授竹编课程，进行竹编课程培训，帮助农民增收。

但是，在当时，高超的技艺并没有带给她多高的经济收入，迫于生计，20世纪90年代末期，汪尚秀割下心中的不舍，跟随打工浪潮外出务工，这一走就是20年。放下并不等于放弃，打工期间，汪尚秀的心中始终装着竹编技艺。外出开阔了她的视野，让她学习到了很多新的艺术元素，她把新的元素融入竹编技艺，促进了技艺的创新与提升。2007年，二爸的病逝深深触动了汪尚秀，由于担心竹编技艺断了传承，汪尚秀毅然回到安岳，专心投入竹编事业，扛起了竹编技艺传承与发展的责任。"竹编是老祖宗一代一代传承下来的优秀艺术，但我发现市场上已经很少能看到竹制品了，越来越多的年轻一代都已经不知道竹制品了，更别说会编织竹制品了，我开始对竹编传承感到忧虑，害怕这么优秀的传统艺术消失在我们这一代。"于是，汪尚秀做出一个决定，自己要做安岳竹编工艺的传承者、宣传者。潜心编织的汪尚秀，沉静坚毅，犹如坚韧的翠竹，一辈辈竹编匠人劳动与智慧的结晶，在她灵巧的手中，必将焕发全新的光彩。在她的巧手之下，普通的竹子变成了一个个精美的竹编包、一幅幅别致的竹编画。她的作品在2018年广交会上展示，深受国内外客商好评。"竹编工艺品的种类很多，有器物也有画。一幅小小的竹编画需要用时两个月。竹编工艺品承载了匠人的心血和千思万绪。"如今竹编艺术品越来越受欢迎，汪尚秀希望安岳竹编工艺能够走得更远。

> 汪尚秀："老一辈的竹编不能没有人来传承，我应该扛起这个责任。"

工匠知识小课堂

创新精神的表现

　　创新是指以现有的思维模式提出有别于常规或常人思路的见解为导向，利用现有的知识和物质，在特定的环境中，本着理想化需要或为满足社会需求，而改进或创造新的事物、方法、元素、路径、环境，并能获得一定有益效果的行为。创新是以新思维、新发明和新描述为特征的一种概念化过程。

　　其起源于拉丁语，有三层含义：第一，更新；第二，创造新的东西；第三，改变。创新是人类特有的认识能力和实践能力，是人类主观能动性的高级表现，是推动民族进步和社会发展的不竭动力。一个民族要想走在时代前列，就一刻也不能没有创新思维，一刻也不能停止各种创新。创新在经济、技术、社会学以及建筑学等领域的研究中举足轻重。从本质上说，创新是创新思维蓝图的外化、物化。

　　1.敢为人先，敢于冒险的勇气和自信。

　　2.探索新知的好奇心和挑战权威的批判精神。

　　3.承受挫折的坚强意志和沟通合作的团队精神。

　　4.舍我其谁的责任担当和造福人类的济世情怀。

　　创新是一个民族的灵魂，创新是人类发展的不竭动力，创新是人类智慧的结晶，创新是一个团队凝聚力与创造力的具体表现，创新是对精华的萃取，创新是对糟粕的摒弃，创新是对传统的继承与发扬，创新是对陈规的抨击，创新是不断进取，创新是勇于开拓，创新是新世纪发展的口号等。总之，创新能够推动世界高质量发展。

习近平："每一种文明都延续着一个国家和民族的精神血脉，既需要薪火相传、代代守护，更需要与时俱进、勇于创新。"

1. 什么是文化传承？文化传承的意义是什么？

2. 何福礼是一代工艺大师，他的竹编技术有何独特之处？

3. 你还知道哪些非物质文化遗产？

第二节　以心琢物，"京作"楷模

-------------- 刘更生

| 人物简介 |

刘更生，男，汉族，1964 年 10 月生，全国五一劳动奖章获得者，轻工大国工匠，北京市劳动模范、国企楷模、北京榜样，首届北京大工匠，北京市有突出贡献的高技能人才，北京一级工艺大师，第二批国家级非物质文化遗产项目京作硬木家具制作技艺第五代代表性传承人，现任北京金隅天坛家具股份有限公司龙顺成公司副经理、工艺总监，是刘更生创新工作室（市级示范性）领军人。他获得 2021 年"大国工匠年度人物"称号。

人物故事

刘更生人物故事

1983 年，19 岁的刘更生和那个年代很多青年人一样顶替父亲的工作岗位吃上了"公家饭"，成为有着 160 年历史的京作宫廷家具老字号——龙顺成的学徒，学习"京作"硬木家具制作与古旧家具修复技术。生在北京原崇文区（现东城区）鲁班胡同，听着锛凿斧锯的声音长大，对家具结构从小就耳濡目染……刘更生的父亲是龙顺成的老师傅，在父亲的影响下，刘更生从小就与红木结缘，也注定他进入红木这一行，并为之奋斗一生。

"龙顺成"是具有 160 年家具制作历史的老字号，主要经营京作硬木家具制作和古旧家具的修复。年轻的刘更生跃跃欲试，想做出一件独一无二的家具来。新学徒，先学开榫、凿眼。刘更生心想：这没什么大不了的。结果，他刚凿了一个眼，就把木块凿坏了。这可把师傅给心疼坏了——师傅心疼木料。在师傅的教导下，刘更生才明白，作为一名木匠，要懂得惜木如金，更要沉得下心来，守得住寂寞。刘更生感到眼前豁然开朗，他四处搜罗木材的边角料，装在一个布袋子里，一有时间就钻啊、刨啊、凿啊，每个动作不知道重复了多少遍。从那时起，刘更生每天都背着一大包废木材，刮刨子、下锯、凿孔，这些看似简单的动作，他重复练习了成千上万次。长时间保持同一姿势，刘更生变得有些驼背，但年复一年的勤学苦练，让他在方圆之间练就了精湛的木工技艺，"怎么打好一个眼？首先你得把木板放在屁股下边压一半，然后拿着锤子侧着身体用力均匀凿，那个眼儿打出来才光滑，木头也不会开裂"。刘更生的每个动作，都显出当年练"童子功"时的认真劲儿。榫卯结构是京作家具的精髓，看似最简单不过的打眼，却关系到一件家具是否能经年不散。功夫不负有心人，刘更生在京作硬木家具制作和古旧家具修复上整整钻研了 39 年，他从一名木工成长为一位工艺大师。

他对中国传统家具一直很感兴趣。有一次，他在旧书摊上看到一本介绍古代家具的书，书的定价很高，要 150 元，当时他一个月就挣 300 元，但他还是毫不犹豫地把书买了下来，回家后反复阅读，不停钻研。出于对中华优秀传统文化发自心底的热爱和尊重，刘更生沉浸在对木艺制作的潜心钻研中，技艺越发精湛。

刘更生师从孙月楼学习"京作"硬木家具制作与古旧家具修复技术，跟着师傅从选材到画线、开榫到打眼、雕花到组装、打磨到烫蜡，再简单的动作都被他重复了成千上万次，细微的技艺便镶嵌进了他的骨髓里。因为不断地练习，他粗壮的大手上反复起泡、扎刺、受伤，可手上的技术却有了突飞猛进的提升。在师傅的倾囊相授之下，只要是与做家具相关的手艺，他都能手到擒来。那会儿他特别痴迷榫卯结构，在厂里看见一种榫卯就不停地琢磨，回家翻出父亲原来存的家具零件再研究，第二天到厂里还跟师傅打听，这种榫卯怎么开的，这种榫卯放在什么器型上合适。他虚心求教，认真钻研，刻苦努力，一般学徒三年出师，而他两年就可以独立操作，先后参与了北京贵宾楼饭店、全聚德帝王厅的红木家具和仿颐和园澹宁堂紫檀家具的制作，以及许多外事活动礼品的生产制作。

几年前有客户带着几个纸箱和麻袋找上门，打开一看全是零散木头残件，大大小小足有上百件。客户回忆，这是多年前父亲留给自己的一件家具，可具体什么造型、什么年代，早已忘了个干净，只隐约记得"像是个桌子"。"能修！"——刘更生从残件的雕工、工艺判断，这个客户记忆中的桌子，很可能是我国硬木家具工艺顶峰期乾隆时期的作品。从没见过原件，要想修复，刘更生需要在上百个残件之间做无数次排列组合，尝试可能的组合规律。大半年日复一日地尝试，一张透雕龙凤牡丹图案的圆形紫檀包厢转桌修复完毕。看着眼前的桌子，客户如梦初醒般呆立："对，这就是儿时记忆中的模样，一模一样。"

2001年，刘更生开始参与古旧家具修复工作。10多年来，他已参与修复了几百件古旧家具，包括黄花梨木春椅、紫檀木转桌等多件明、清古旧家具，此类家具技艺要求更高、修复难度更大，刘更生深知马虎不得，他牢记老师傅的教诲："干木匠的要学会专心与静心。"2014年，随着举世瞩目的亚太经合组织（APEC）峰会的到来，龙顺成接到为会议制作领导人座椅的艰巨任务。要求既要充分发挥现代家居功能先进的优势，又要保持中国古典家具的特色与韵味，为此刘更生大胆提出了将现代转椅与传统清式圈椅相融合的方案，在皇宫椅托泥板下边的龟角里隐藏一个直径约为2厘米的滑轮，这样设计不仅有效地克服了传统清式圈椅过于笨重不便于移动的问题，而且在外观上完全没有破坏中式家具的美感。

另外，为充分展现京作家具的精髓，刘更生采用"一木连做"传统工艺。所谓"一木连做"，就是圈椅的4条腿和通直向上的部分用一整根的红木原料，这种工艺制作出来的椅子强度更高，使用寿命更长。从雕刻到刮膜、烫蜡，每道工序制作都非常严谨，在时间紧、任务急、要求高的情况下，在整个制作过程中，他与团队加班加点，终于圆满完成了APEC会议家具的制作任务，得到各级领导对"京作"家具的高度赞扬。他设计的"APEC系列托泥圈椅"也荣获世界手工艺产业博览会"国匠杯"银奖。

北京冬奥会开幕之前，刘更生每天都忙着为冬奥会定制座椅进行平整度检测。"国家对红木家具平整度要求是小于0.2毫米，而我们对冬奥会产品的平整度要求是小于0.1毫米。"京作工艺为全榫卯结构，榫卯相扣，契合为一。每个精微步骤都是匠人与技艺的心灵对话，作为公司工艺总监，刘更生带领团队研究完成名贵木材曲线拼接技法、线型刀具制作、异型部件模具的制作及应用、传统家具表面处理工艺技法及传统榫卯结构基础上进行改良等多项创新项目。2019年，他与北京林业大学合作编制完成《京作硬木家具制作工艺标准》，为行业高质量发展夯实基础。"我理解的工匠精神就是追求极致，是发自内心对手艺的敬重。我希望能用我的双手让传统家具焕发新生命。"

以心琢物，以技传世，2016年刘更生创新工作室成立，他不遗余力地将手艺传授给生产一线的工人，并成立"1351技艺传承梯队"，为非遗技艺的传承培养了大批人才。同年在国家政策扶持下，"龙顺成"公司决定建立1351"京作硬木家具制作技艺"传承人培养机制，即在第六代传承中培养30人的传承梯队、50人的技术骨干、1个代表性传承人，抓好技艺传承人梯队建设，完善内部评级及选拔标准，打造高效、专业的生产队伍。随即以龙顺成第五代传承人刘更生为领军人的"刘更生工作室"成立，工作室成员还包括他的10余名高徒。工作室的主要任务就是负责京作硬木家具制作工艺的传承与创新。近年来，刘更生多次承担国家重点工程所用家具的制作任务。2017年，他参与设计制作内蒙古自治区成立70周年贺礼座屏，屏风整体采用缅甸花梨木制作，选料精良，颜色一致，并雕刻赋有蒙古族特征纹饰。正面书写习近平总书记"建设亮丽内蒙古　共圆伟大中国梦"的中蒙文题词，背面绣云纹与七只鸿雁展翅高飞。

2018年，刘更生参与设计制作宁夏回族自治区成立60周年中央代表团贺礼，以习近平总书记"建设美丽新宁夏　共圆伟大中国梦"为主题，底座边框由高浮雕马兰花纹组成；刘更生发挥典型示范作用，大力弘扬传递京作文化，坚持组织开展非遗进校园、非遗进社区、非遗基地文化游等活动，年均组织活动 30 余场，参观人数达千余人次。2018 年，在北京市总工会组织下，工作室 6 人赴台参加"京台木工技艺交流赛"；2019 年，京台木工交流活动在北京举办，台湾代表团 20 余人参观了龙顺成，两岸木工再次聚首共叙文化情谊，促进了两岸木业的合作与发展。多年来，刘更生高超精湛的技艺和精益求精的工匠精神被中央电视台、北京电视台、《劳动午报》《北京日报》《北京晚报》、腾讯视频、新浪微博等主流媒体广泛报道，在传承弘扬京作红木文化方面发挥了积极作用。

2020 年以来，结合突如其来的疫情形势，同时也为让广大青年人群了解中华传统京作红木文化，刘更生及工作室匠师们从幕后到台前，通过抖音视频、网络直播等方式广泛宣传京作硬木家具制造技艺和红木文化，进一步扩大了传播范围，使老字号焕发出新生机。

他说："我理解的工匠精神就是追求极致，是发自内心对手艺的敬重。我希望能用我的双手让传统家具焕发新生命。"几十年来刘更生发扬匠人精神，对每一件产品都精雕细琢，在工作中有积极性、创造性，始终秉持工匠精神，一直在传承中创新，在创新中传承。对于他来说，传承是一种责任和使命。不仅要发扬优良的传统技艺，还要将其不断地传承下去，发扬光大。传承的不仅是精益求精的技艺，更是追求极致的匠人精神，他将自己近 40 年的技艺，不遗余力地传授给生产一线的工人，传授给从事工艺、设计、技术的大学生，管理者也都向他虚心求教。他本着"师徒传承"的精神为行业输送了大量的人才。他为弘扬工匠精神，打响中国制造品牌，培养一批又一批的匠人，不忘初心，砥砺前行。

> 刘更生："从事这项工作，要有对硬木家具的敬爱，要求自己把心静下来、沉下来，形成和古人的'对话'。"

案例评价

刘更生作为金隅工匠人才的优秀代表，用敬业、执着与创新，在"攀登技艺高峰"的同时，也用实际行动诠释着金隅干事文化，展示着金隅人自强不息、开拓进取、勇于创新、追求卓越的宝贵精神。他的成绩也将鼓舞着更多金隅工匠化茧成蝶，争做新时代的奋斗楷模，竞相成为不负时代的"大国工匠"。

刘更生："我要把老祖宗留下来的手艺继承好然后传下去，做'京作'家具制作的领头人，为国家作贡献。"

人物引领

许红阳，男，汉族，1991年7月生，民革党员，河北省非物质文化遗产井陉木雕代表性传承人，井陉县小作镇小作村人。曾任第十三届全国青联委员、河北省第十四届人大代表，获得2023年4月"河北好人"、河北省五一劳动奖章、河北省民间工艺美术家、河北大工匠、石家庄市政府特殊津贴专家、"省会十大工匠"、第一届"石家庄工匠"等荣誉和称号。2013年6月至今，他一直从事木雕雕刻事业并

积极参加社会公益活动。

从小受爷爷和父亲的影响，每天看到的都是斧凿与刻刀，闻到的是木屑的香气，耳濡目染，许红阳渐渐喜欢并迷恋上了雕刻，他七八岁时就跟随父亲到大山深处搜集雕刻木材，13 岁便跟随父亲学习木雕技艺。

一天上千次的雕琢，抱着几十斤的木头一坐就是五六小时，刻刀磨破手是家常便饭……许红阳毕业后，依然坚持自己的雕刻理想，全身心投入雕刻的研习中。"父亲用后的废料，山里的枣树，榆树上的枝杈，只要是能接触到的原木，都是我练习的材料。"许红阳说，太硬的材料刻起来费劲，太软的材料刻起来又太肉，不容易成型……一连串的问题困扰着年幼的他。不服输的许红阳咬牙坚持，三伏天，屋子里热得像个蒸笼，他闷头用凿子打胚，汗水如雨，湿透了衣服也顾不上换，刻刀划破了手，找块布包上，接着刻。

经过父亲悉心指导和许红阳长时间的摸索，他逐渐掌握了选材的要领和祖传的雕刻技艺，那时，他还不足 20 岁。许红阳总结自己的木雕工作时说，创作一件木雕作品首先是构思，然后是构图，构图首先制作泥坯以做参考，接着是选料，进入雕刻阶段后，更是工序烦琐。由于木雕是一件不可逆的作品，只要一个步骤做坏，整件作品就跟烧火柴没有区别，所以要认真细致地将木头从粗到细，从表到里，从大到小地刻凿，再经过修光、打磨、着色、上光等多个步骤，一件匠心独运的木雕作品才得以完成。所以，雕刻小件作品需要半个月，大件作品往往要耗时几个月甚至一年时间。

在展厅正中间摆放的木雕作品《一带一路》，即使隔着厚厚的玻璃，也能让人感到崖柏的丝滑、人物的神韵以及木雕技法的绝妙。"完成这件作品大概用了一年多的时间。"许红阳凝视着这件作品，记忆又回到了当年。2013 年，随着"一带一路"倡议的提出，许红阳深受启发，决定以"古丝绸之路"为题雕刻一件作品。他特意选中一件两米长，500 多斤的崖柏树根进行雕刻，利用原木的自然形体，共雕刻了 11 匹骆驼，体态丰盈，气势昂扬，寓意为"一带一路"，又雕刻了 5 个人物，寓意为"五通大道"，此外，他还利用崖柏原料上的天然孔洞作为城门，在旁边雕出城楼、参天古木，形势险峻的玉门关。"木雕只能做减法，所以每一笔每一刀都要格外小心。"许红阳说，每匹骆驼的形态、每个人物的表情，都要经过细细研究与雕琢。

历经一年多时间，这件融入了许红阳深深国家情怀的崖柏作品才最终完成。偶然机会，这件作品被匈牙利驻北京大使馆的文化参赞看到，连声称赞，并邀请许红阳将这件作品送至"首届丝绸之路（敦煌）国际文化博览会"，陈列在国际展区进行展出，获得了国内外专家学者的一致赞赏。

在他眼里，所有的作品都是独一无二的。而丰富的农村生活成了许红阳雕刻创作的重要灵感来源，农民日常生活中常见的事物，陆续成为雕刻原料，清晰的纹路，大自然赋予树根流畅的线条，一块块其貌不扬的木料经过雕刻变废为宝，成为一件件有生命和灵魂的作品。许红阳继承先祖留下来的雕刻手法，始终坚持古法浮雕进行雕琢，技术难度高。许红阳在沿袭与传承古艺的基础上，还注重将传统文化与现代需求相结合，研发了 200 余种文创作品和非遗衍生品，如手串、烟斗、茶具、灯具、寝具等。使古朴、浓厚的雕刻艺术作品焕发出新时代的气息，更贴近人们的日常生活，受到国内外家居艺术品收藏家的一致好评。

为弘扬井陉木雕，许红阳创办了木雕博物馆和名家工作室，免费向社会公众开放，让广大市民了解非遗、认识非遗、体验非遗。接下来，许红阳将秉承工匠精神，守正创新，在家乡井陉建设井陉木雕乡村振兴产业园，为助力文旅强省贡献自己的力量。

> 许红阳："想要让木雕这项传统技艺吸引更多人关注，就要将传统与时代相结合。"

工匠知识小课堂

精益求精的表现形式

一、做事要扎扎实实，注重实效

踏实，较真，不糊弄，是"工匠精神"的基本要求。我们倡导"工匠精神"，必须立足实际，突出重点，真抓实干，扎扎实实地开展好各项工作。要立足实际科学谋划蓝图。

深刻分析本地区位优劣势、产业基础和资源潜力等要素，更加注重地方长远发展、更加注重群众切身利益，使规划蓝图科学可行、得到群众认可。

二、做事要周到细致，切忌跑粗

做事周到细致是一种工作态度，反映了一种工作作风。周到细致，就要在谋篇布局、干事创业中，把每一个方面、每一个环节、每一个步骤都考虑得周密严谨细致，避免工作跑粗出现纰漏。

三、做事要精益求精，树立高标准

"工匠精神"的内涵就是要有精雕细琢、精益求精、追求卓越的理念。引申到具体工作中，就是要高标准对待本职工作，全力以赴抓好工作落实，努力使本职工作成为精品。要有精益求精的意识。

四、做事要持之以恒，不达目的不罢休

"工匠精神"体现了对产品反复打磨的耐心和专注。弘扬"工匠精神"，就要以较真较劲、只争朝夕、锲而不舍的精神一干到底，做到不达目的决不罢休。要较真较劲，不怕挑战。

习近平："光荣属于劳动者，幸福属于劳动者。我国工人阶级和广大劳动群众要更加紧密地团结在党中央周围，勤于创造、勇于奋斗，努力在全面建设社会主义现代化国家新征程上创造新的时代辉煌、铸就新的历史伟业。"

1. 现在很多家庭都喜欢用欧式家具，京作家具在现代的意义是什么？刘更生如何看待京作家具的未来？

2. 刘更生说学木工是一个漫长的过程，木匠行有一句话叫：干到老学到老。这句话对你有什么启示？

3. 摘抄不少于 3 句关于工匠精神的名言警句。

_____

_____

_____

_____

_____

_____

第三节　夏布织造，走向世界

---------------- 李俭康

人物简介

　　李俭康，男，汉族，重庆市荣昌区人，重庆市非物质文化遗产项目荣昌夏布代表性传承人，海棠公司的"镇企之宝"，精通打麻、绩纱、上浆、挽麻芋子、排布和织布等各种夏布织造技艺。尤其在难度最高的织布环节，其技艺水平更是出类拔萃。2016 年度他荣获荣昌区十大"棠城工匠"称号。

人物故事

　　李俭康出生在夏布编织世家，6 岁就向母亲学习挽麻芋子，12 岁跟着父亲学习夏布织造的各种技艺。14 岁，已能够独立完成织造夏布的所有流程，自己编织夏布去卖。小时候，盘龙镇这个地方家家户户都织夏布。那时夏布主要用来制作蚊帐、麻席、麻袋。每天天还没亮，他就把成捆的产品装在箩筐里，扁担一挑，到镇上的集市去卖。经过多年的锤炼，他在 20 世纪 80 年代成为夏布织造高手。那时，他把织出来的布拿到市场上去卖，往往几分钟之内就会被"抢走"，而且价格还比人家高出 10%。

李俭康人物故事

荣昌夏布又称麻布，是以苎麻为原料而编织的布，常用于夏季衣着，凉爽适人。苎麻春季栽下，一年之内收获三次至四次。其中，头麻与二麻收获的纤维较好，长而韧，纤维的丝线通常可达两米。刚收获的苎麻不能直接使用，要经过打麻、漂白、绩纱、挽麻团、牵线、穿扣、上浆、织布、漂洗、整形、印染等 10 多道手工工序，才可织得夏布一匹。织造夏布是一门非常枯燥的技术活儿，并非难学，而是需要心静、有恒心、有毅力。由于苎麻丝线易断，织布时，织者对腰力的掌控非常关键。如果下腰时力量过小，会导致经线松弛，织出来的布布面不平顺、丝线稀密不均；如果下腰时用力过大，则容易崩断经线。在这种情况下，无论织布者丢梭子的速度有多快，都会因为不得不停下来接线而大大影响织布速度。下腰、踩踏板、双手翻飞丢梭、推箱……在织布机上，李俭康手脚腰并用，娴熟地做着这一连串动作。伴随着织布机吱嘎、吱嘎的声响，装满纬线的梭子以两秒一个来回在左右手及经线之间快速地穿梭，让人眼花缭乱。不经意间，经线和纬线已无数次交织在一起，慢慢成型。

"别看动作简单，要达到熟练的程度必须练上好几年。"李俭康说。

不过，从整个行业的角度来看，夏布行业还不是特别景气。在荣昌地区从事夏布生产的人不少，但年轻人少。夏布原坯布的利润低，手工织布者的收入常常不尽如人意。而且，一天要工作十来个小时，工时长，太辛苦。夏布纺织对湿度的要求高，太干或太湿都无法进行工作，因此早晚最适宜编织。起得早、睡得晚，年轻人一想不划算，就去外面打工了。另外，每天长时间织布，对视力和脊椎伤害比较大，这在本地叫作"累伤"，厉害的甚至"吐红"（吐血）。前几年，工厂的工人基本在40岁以上。夏布纺织技艺工序多，学艺时间也就长。

有着2 000年技艺的全手工做法是机械无法取代的。人们通常认为织布是难度最大、最关键的一道工序，其实不是。如果绩纱、挽麻团做不好，线就会乱，难以织出整齐的经纬线。刷浆如果掌握不好分寸，就会使麻线起毛或折断。总之，每一道工序都很重要，需要多人合作完成，这也是夏布织造技艺的难点所在。

正是考究的技艺和高标准的要求，让荣昌夏布传承至今，也正是因为像李俭康这样的老匠人的坚守和传承，夏布技艺才没有流失在历史长河中，才能成为具有地方特色的技艺。

在我国夏布织造技艺领域，普通手艺人织一匹0.36米宽、22米长的夏布，至少需要十七八小时，且一级（最优等级）布产出率通常只有百分之七八十。而李俭康能够在13小时内织完一匹布，同时，一级布产出率达95%以上，这样的速度和质量在国内处于最顶尖的水平。李俭康从事夏布制作工作34年，擅长编织精细夏布，尤其擅长牵线和刷浆，即便在穿扣、刷浆过程中出现局部损坏，他照样能修复得不露痕迹，还掌握多色图案夏布的编织绝技。李俭康为荣昌多个夏布制作企业提供技术支持，多年来传授徒弟100多人，为荣昌夏布编织技艺传承做出了较为突出的贡献。

起源于汉代的荣昌夏布，有着1 000多年的历史，被誉为纺织品的"活化石"。夏布在汉代时期被称为"蜀布"，唐朝时期，因其"轻如蝉翼，薄如宣纸，平如水镜，细如罗绢"，又被称为"筒布""斑布"，是当时的贡布。时间来到2008年，"荣昌夏布织造技艺"被评为国家级非物质文化遗产，如今，这项沉寂已久的技艺又重新焕发新的活力，走进越来越多人的生活中。

如今，以荣昌夏布为原料，结合中国传统文化、巴渝文化精髓，运用传统与现代工艺相结合的手法，精心制作成的具有浓郁地方特色的夏布服饰、文创产品、工艺品等产品，已经飞入千家万户，走出国门。

"现在荣昌夏布紧跟时代发展，在着色、定型、创意设计等方面不断得到创新，无论在艺术工艺领域抑或经济实用方面，均有一席之地。"李俭康介绍，在国内，由夏布制作的衣服、床品、工艺品等受到民众的喜爱，而在韩国、日本和东南亚等国际市场，夏布及其延伸制品也颇受当地民众欢迎。如今荣昌精通这门技艺的老匠人已不多，为了不让它遗失，保护和传承好这门技艺，他已收徒120余名，这些徒弟遍布盘龙镇数十家夏布生产企业中，大多已成长为夏布织造能手。重庆荣昌盘龙镇素有"中国夏布之乡"的美誉，成片的苎麻（被外国人称作"中国草"）基地在农田屋后形成了一道道亮丽的风景。"各乡遍地种麻，妇女勤绩成布，白细轻软较甚于葛。山陕直隶客商，每岁必来荣采买，远至京都发卖。"从清光绪《荣昌县志》的记载中，还能看到荣昌夏布的昔日辉煌。在盘龙镇许多传统手工纺织作坊和规模不大的工厂中，身为夏布织造技艺市级代表性传人，李俭康正尽自己最大努力保护和传承夏布纺织传统技艺。面对未来，李俭康期望把自己的成功经验及技艺传授给更多人，让荣昌夏布永放光芒。

案例评价

匠心需要坚守，更需要传承。"发展好荣昌夏布产业是我义不容辞的责任，我平生对自己的要求是织好每一匹布，带好每一个徒弟。"李俭康说。老手艺人李俭康织布已经40多年，为了让荣昌夏布得到更好的传承和发展，他做出了一个决定：挑战130扣的精品夏布。荣昌夏布较常见的是70扣，假设宽0.36米的夏布，经线便只有560根。要织130扣，经线则要达到900根，增加了近一倍，这将大大增加编织的难度。李俭康靠着一双巧手和精益求精的工匠精神，经过一周的奋战，终于织出了理想的夏布！

> 李俭康："发展好荣昌夏布产业是我义不容辞的责任，我平生对自己的要求是织好每一匹布，带好每一个徒弟。"

人物引领

　　张小红，中国工艺美术学会会员、中国非物质文化遗产保护协会刺绣专业委员会委员、高级工艺美术师、全国妇女手工编织协会常务理事、中国刺绣艺术大师、国家级非物质文化遗产代表性项目（夏布绣）代表性传承人、全国三八红旗手、江西省工艺美术大师、江西省突出贡献人才。

　　张小红自幼对女红有着浓厚的兴趣，平日里喜欢绣花、编织、裁剪。起初这些都只是她的业余爱好，从没想过把这些当作今后的事业。2002 年初，张小红因所在的国企江西钢丝厂改制下岗了。捧了十几年的铁饭碗突然被打碎，张小红顿时陷入了迷茫。就在她为生计发愁时，无意中看到关于天津下岗女工王盛云带领下岗女工从事编织刺绣产业致富

的报道，张小红为之一振，44 岁的她毅然只身前往外地拜师学艺。

学艺归来不久，张小红就带着一群下岗姐妹于 2004 年 4 月成立了"渝州绣坊"。创业之初，张小红既当师傅又做绣娘，集管理、教育、创作、销售于一体。绣坊创办后的一年里没有进账，亏损数万元。为了把绣品销售出去，张小红带着作品四处跑展会，参加各种商业活动，终于为绣坊带来了转机，次年，新余市的一项大型活动采用了她的数百件作品，这笔订单救活了"渝州绣坊"，也坚定了她做大做强绣坊的信念。随着张小红的创业路越走越宽，夏布绣越来越被市场和社会认可，张小红对夏布绣的发展也有了深入思考与重新定位。于是，一个更远大更宏伟的目标已然明晰：夏布绣要与四大名绣比翼齐飞，成为刺绣行业的第五大名绣。如此，建造夏布绣博物馆，让其担负起展示夏布绣遗迹风貌和当代风采，提升夏布绣在行业内的竞争力和影响力的重任，无疑成为当务之急。

忙碌中的张小红不忘提升刺绣水平，一边求学于苏绣研究所，一边常与书画名家探讨。通过与大师们的交流，张小红意识到，想要在刺绣之路上走得更远，必须形成自己的独特风格。一天，一位顾客拿着块新余特产的夏布来找她，请她在夏布上绣图案。张小红的眼前一亮，仿佛打开了一扇窗。夏布系苎麻纤维纯手工纺织的平纹布，新余市分宜县是久负盛名的"中国夏布之乡"。如果打破传统以丝绸、绢等面料为绣地的做法，在夏布上进行刺绣，粗犷、古朴的夏布与精巧、细腻的绣工相结合，一定别具古雅韵味。张小红"因材施艺，因物施针"巧夺天工地结合民间刺绣和艺术刺绣的技艺针法，创新了适合夏布艺术刺绣创作的 6 种针法；在刺绣过程中通过线条排列的粗细疏密及虚与实的交替互动来表现物理的形态，纵横交错的线条在构成物理形态时有层次感和立体感，似虚非虚，似实非实，若隐若现，使画面具有虚实、深浅、明暗的变化，形成绣制机理美与物理空间的和谐统一。

张小红先后创办了渝州绣坊、新余市夏布绣艺术研究所、国内首家民营非营利性质的夏布绣博物馆、国家级技能大师工作室、夏布绣非遗研学体验中心等，旨在持续不断地宣扬传统文化，落实了"非遗进校园""非遗进社区"的理念，通过非遗文化的力量，"知非遗""学非遗""体验非遗"的体验过程，将非遗文化传承与建党百年相结合，激活青少年对江西"家""教"文化和爱国爱党文化的认知，提升青少年对传统文化的认知，也是一种对"大国工匠"精神的文化传统的传承。

张小红自幼随祖辈学习民间麻布刺绣，带着心中的"工匠梦"，不断开拓创新、追求卓越、精益求精，她突破了夏布作为艺术刺绣绣得过于粗糙的难题，根据夏布古朴的色泽和自然的肌理美感，研发了以水墨写意类为主的题材，使粗犷、古朴的夏布与精巧、细腻的绣工相结合，从而开启了夏布绣艺术的先河，使之成为颇具江西传统文化风格的特色艺术绣种，作品先后荣获多项国家级、省市级奖项。

通过多年来的"传、帮、带"，张小红培育了万余名夏布绣技艺人才，坚持开展"万名绣娘奔小康"等公益活动，带动了地方 2 000 余人就业创业，通过传统结合创新，开创了具有江西特色文化的夏布绣文创艺术衍生品系列，广受各年龄群体的喜爱，毅然顶起了江西新余的一个行业，带动了一个产业，也缔造了一个品牌。

> 张小红："这些刺绣作品是无形的资产，是前人给我们留下的宝贵财富。我要把夏布绣博物馆建成一个爱国、爱家、爱民族的教育基地，让更多的人了解前人的历史，让更多的人和我一样热爱它。"

工匠知识小课堂

精益求精的精神内涵

精益求精是一种持续改进的精神和理念，人们通常将其定义为永不满足、不断探索、不断优化的态度。精益求精源于日本的"精益生产"，一种追求高效率和质量的系统化方法，而后逐渐延伸到其他行业中。在这种思想的指导下，人们不断精进自己的技能、知识与能力，提高工作效率，追求更高的标准。

　　精益求精的核心思想是通过不断的反思和完善，进行持续改进。在日本的汽车工业和生产线上，这种方法是为了创造更高的生产效率和质量，随后各种行业先后应用精益思想，如金融、医疗和教育。通过持续改进，可以不断提升工作效率、优化流程和节约成本，从而实现更高质量和更快速的生产，提升企业的核心竞争力。

　　在现代社会中，人们也可以将精益思想应用于个人发展、职业规划和学习上。在工作中，人们可以通过不断学习和提升技能，提高个人的工作效率和质量，从而让自己在团队中获得更高的认可和价值。在生活中，人们也可以通过借鉴精益思想，不断完善自己的生活方式和行为习惯，以实现更好的生活质量。

　　精益求精需要人们在日常工作中注重细节，探索并发现问题，然后尝试解决。不断寻求创新和改进，并将这些思路和行为贯彻于生活和工作中。实现优质高效的工作需要时间、耐心和坚持不懈的努力。因此，拥有精益求精的精神和理念将成为人们工作和生活中不断前进的动力之一。

　　精益求精追求的不只是产品的质量，也包括流程的优化、工作效率的提高以及企业文化的建立等方面。这种精神和理念也体现了企业和个人对工作与生活的追求，以及对自身品质和人生价值的认同。当人们拥有精益思想时，自然能够在职场和生活中获得成功。

　　综上所述，精益求精是一种持续改进的精神和理念，是一种不满足于现状，追求更好的态度。它不仅可以帮助企业提高质量和效率，也可以帮助个人在职场和生活中获得成功。拥有精益思想的人们常常注重细节，并不断寻求创新和改进，以达到更高标准，提高工作效率和生活质量。在不断精进、不断完善的过程中，人们才能够逐渐成就自己和他人的梦想。

习近平："执着专注、精益求精、一丝不苟、追求卓越。"

1. 请用一句话来评价荣昌夏布。

2. 李俭康在传承夏布文化中做出了哪些贡献？

3. 你买过夏布的纺织品吗？它和其他纺织品有什么区别？

第四节　针法有术，汴绣之光

------------------ 王素花

|人物简介|

　　王素花，河南省封丘县人，河南省工艺美术大师、国家级非遗代表性传承人。她自幼酷爱刺绣艺术，1957 年进入开封汴绣厂从事刺绣制作工作，先后担任刺绣车间主任、厂长等职务。她是恢复汴绣的代表人物之一。1959 年被评为"河南省先进工作者"，1979 年出席全国工艺美术艺人创作设计人员代表大会。王素花在继承、挖掘、整理宋代传统刺绣的工艺基础上，于 1959 年成功绣制首幅《清明上河图》，并创新了汴绣十几种针法，使绣卷充分展现了汴绣古朴典雅、工艺精细、层次分明、生动逼真、立体感强的风格。2002 年，绣制的《洛神赋图》是汴绣史上的又一创举，绣卷长 572 厘米，宽 27 厘米，以汴绣传统工艺技巧绣制而成，绣卷针细线密，色彩沉着而艳丽，此绣卷问世后引起国内文学艺术界人士高度重视和行业赞誉。2003 年，绣制成沈铨的《百鸟朝凤图》，充分发挥了汴绣工艺的独特风格，巧妙运用了宋代传统针法和技巧，色彩明快、结构严谨、生动传神、灵活剔透、和谐统一，有一种恢宏博大的气息。

人物故事

1935 年，王素花出生于河南省封丘县的农村家庭。受长辈的熏陶和影响，王素花自幼就喜爱汴绣。"我 11 岁的时候，就能绣棉鞋、枕套、被面这一类的小东西了。一拿起绣针，就有使不完的劲儿。"

王素花人物故事

1957 年，王素花进入开封汴绣厂工作。半年后，聪明能干、心灵手巧的王素花被提升为车间副主任。

1959 年，开封汴绣厂接到任务，创作一幅张择端的《清明上河图》长卷刺绣。当一幅构图复杂的白描长卷送到大家面前时，不少人傻了眼，但王素花硬是将这一项任务揽到了自己身上。"当时，我只有两年的刺绣基础。《清明上河图》中不仅有牲畜、船只、房屋、桥梁，光人物就有七八百个，个头高的也不过才一寸，还得把人物的鼻子、眉毛都清晰地绣出来，难啊！"

刺绣的基础是针法。接下任务的王素花带着工友们沿街串户，收集流传下来的老绣片，细心琢磨传统针法。"这都是老祖先留下的珍贵财富，每个针法都需要几遍甚至几十遍才能试验成功，但大家一点也不觉得苦。"

为了更好地呈现画中的细节，王素花还经常到乡下观察毛驴的毛色、耕牛的形态；还多次跑到黄河边，到大船上体验生活，看纤绳有几股、船工如何盘绳；只要看到树上有鸟窝，就仰头看上一阵子，看它的结构、材料、色泽。之后，她还专门到北京看《清明上河图》的真迹。

　　回到厂里后，王素花带着工友们反复试验，创出了十几种新的针法，又结合传统针法，经过三个月零二十天的艰苦奋战，成功绣出我国第一幅《清明上河图》绣品，并被送往人民大会堂河南厅展出。

　　1990年，从开封汴绣厂退休的王素花，创办了开封市素花宋绣工艺有限公司，亲自授徒。王素花本可以颐养天年，她却说："党和政府培养了我这么多年，又给了我那么多的荣誉，我还没来得及报答。宋绣就是我的生命，我要用自己掌握的技艺回报社会。"于是，王素花开办了刺绣技术培训学校，"汴绣是老祖宗留下来的艺术瑰宝，绝不能丢，我要用自己掌握的技艺回报社会。"她的肩上从此扛起了一个厚重的担子——传承。她的招生对象是来自农村贫困家庭的女孩和城市下岗女工，包吃包住，免费培训。她亲自为学员上课，手把手地教，将自己几十年积累的宋绣理论知识和针法毫无保留地传授给学员。

　　"我从小过苦日子，挨饿受苦，就想帮助和我一样的女孩。一方面，我想让更多女性知道，学会绣花这个技术，可以赚钱养活自己；另一方面，我也想把绣花技艺传承下去。"王素花感慨道。

　　2002年，一名农村绣工向王素花讲述了他们村一个残疾姑娘因家境贫穷求业无门的事，问王素花能不能也让她来厂学习技术。王素花当即对这名绣工说："明天就让她来吧，我亲自教。"就这样，王素花的培训对象又新增加了残疾人学员，并规定，只要手眼健全，都可免费学习技术。目前，王素花已免费培养了2 000余名刺绣青年工人。她亲自为学员上课，手把手地教，将自己几十年积累的宋绣理论知识和针法毫无保留地传授给学员。生活上，王素花将每个学员都视为自己的孩子，关怀备至，深得学员的尊敬。王素花长期以来对残疾人的关心和帮助，赢得了大家的认可和尊重。2010年，王素花被评为"河南省十大爱心人物"；2013年，被评选为"第四届河南省道德模范"；2012年入选"中国好人榜"。

　　据不完全统计，王素花带动当地2万人就业，很多留守妇女找到了自己职业的春天。这些绣工中的大部分已经成为汴绣行业的骨干力量，还有不少成为知名美术

　　王素花："一针一线绣人生，一心一意做好人。我现在只希望能为汴绣技艺代代传承贡献点自己的力量。"

大师和高级工程师，与王素花一起传承汴绣技艺。

十几年来，王素花免费培训了大量技术人才，大部分分散在全省各县乡农户家中。这些绣工农忙干活，农闲绣花。根据这一特点，宋绣工艺公司在全省各地设立了生产网点，由公司统一派人负责管理。按照客户要求，公司绣出样品，各生产网点负责将样品提供给所辖的绣工，根据公司制定的质量检验和价格标准收购绣品，由公司统一装裱销售。从而形成了一个覆盖全省及周边省市的没有围墙的大车间，经过近10年的发展，生产网点达45个，绣工达5 000多人。同时，公司的300多名绣工，主要绣制工艺要求高、难度大的巨幅绣品和公司研制开发的新产品。

公司董事长王素花曾连续20多年担任副厂长和厂长职务，十分熟悉艺术品产业的生产销售特点和市场走向，积累了丰富的领导经验和管理经验。创办开封市素花宋绣工艺有限公司以后，她从大量培训技术人才入手，制定严格的质量标准，不断调整生产营销策略，培育和打造"素花"宋绣品牌，逐步形成一整套独特的"公司＋生产网点＋农户"的生产模式。质量是品牌的生命。走进公司的每个车间，都可以看到"精美、精致、精细"几个大字。为保证品牌质量，公司要求每幅绣品都达到"平、齐、细、活、光、亮、净"，并据此制定了20多条质量检验标准和严格的产品验收程序。严格的质量管理，使"素花"牌绣品在国内国际市场赢得了巨大声誉。2008年"素花"牌宋绣又被命名为河南省名牌产品。由于"宋绣皇后"王素花的巨大声望，很快"素花"工艺绣品销路大开，订单供不应求。为应对市场需求，随后几年，公司陆续在北京、上海、天津、哈尔滨、深圳等几十个国内大城市设立了经销分公司。又以授权代理的形式，在美国、法国、新加坡、澳大利亚等十几个国家设立代理营销公司，统一经销"素花"品牌绣品，形成了覆盖国内外的公司销售网络。

为发展汴绣，近年来，王素花广泛聚集国内工艺美术知名专家共同参与宋绣艺术的挖掘创新。她成立了王素花宋绣艺术馆，聘请全国著名工艺美术大师王少卿及河南大学美术学院教授，研究在宋绣传统工艺的基础上创新各种针法。成立了宋绣试验基地，专门开发试验宋绣新产品。成立了宋绣书画研究会，聘请知名画家及西安美术学院、甘肃书画院教授，设计创新各种题材的绣品画稿，研制开发出一大批新产品，公司目前经销的"素花"牌工艺绣品有100多种，并以每年15～20种的速度不断推出新品。这拉动了整个汴绣行业的创新发展。

案例评价

今年 89 岁的王素花是汴绣国家级非物质文化遗产代表传承人，针来线往地和汴绣打了一辈子交道。专注汴绣的 60 多年里，王素花心不离绣、针不离手、手不离线，形成了自己独特的刺绣风格，创出蒙针绣、平针绣等十几种新针法。其作品针法细腻、造型生动，具有鲜明的立体感和浓郁的地方特色。她还创新运用乱针绣等针法技艺，在一定程度上填补了汴绣技艺的空白。

如今，已是满头银发的王素花仍在为汴绣传承坚守着。"我希望把汴绣送进寻常百姓家，让大家都能买得起、用得上汴绣。"

王素花："我是一个不服输的性格，只要拿起绣针，绣比天大，再大的困难也不怕。"

人物引领

朱寿珍，女，中国工艺美术协会会员，1969 年出生于太湖之滨，自幼研习苏绣，师承世家祖艺，绣艺精湛。现为国家高级工艺美术师、工艺美术名人、国家研究员

高级工艺美术师、国家非遗传承人代表、中国顶级刺绣艺术家、世界爱心大使、中国工艺美术学会理事、全国工艺美术行业理事会副理事长、江苏工艺美术大师、全国珍艺文化艺术机构首席艺术家等。

1969 年，朱寿珍出生在一个刺绣世

家，妈妈和奶奶都会刺绣，她很小就开始学习这门手艺。被面、枕套、手帕这些刺绣的物件儿，是朱寿珍少女时期生活的作品。为了精进手艺，性格倔强的朱寿珍小时候就喜欢挑战高难度的作品，即使是成熟绣娘都很难拿捏的任务，她也会不服输地边哭边绣直到完工。朱寿珍小时候家里是苏州市和服腰带的加工点之一，她经常帮姐姐穿针引线，自己学习琢磨刺绣，还会把自己的作品偷偷地混在姐姐的刺绣里，居然没有被人发现过。她甚至做梦都会梦到刺绣，帮妈妈绣龙凤被面上的那条赤龙时一直绣不出眼睛，她睡觉的时候突然梦到了一条真龙，醒来立马就绣好了一对碧油油的龙眼，自己很是满意。为了刺绣，朱寿珍退学了。看到同龄人都在上学，朱寿珍也摇摆过。经过 3 年的苦恼和摸索，她在日记本上写下："我问自己究竟是为了生计而刺绣，还是为了刺绣而刺绣。我放弃了原本很优秀的学业，我是因为真心喜爱刺绣才学的。"她决定静下心来学刺绣，永不再后悔。

18 岁时她考进县刺绣加工厂，做了 1 年多的低级绣工，她意识到这样根本无法成长，便放弃工资辞职了。"那时候还小，我还绣不了什么，看到花花草草的很美，想记录下来，怎么办？我就把它们都画下来。"朱寿珍从小就展露的绘画天赋使得她的绣品总有一种神韵在里面。不少绣娘尽管也有一定的绘画功底，但在绣制大型作品的时候一般都是要么邀请画家一起合作，要么临摹已有的经典画作。而朱秀珍可以按照自己的想法先创作画，然后将画的神韵一针一线地绣上去。"刺绣和绘画是我生活的两大乐趣。"唯一让朱秀珍遗憾的是，现在被世界认可的名画基本上都是西方的画作，中国画写意的表现形式并不是当前的主流。让中国的刺绣登上世界级的艺术殿堂，被人们所认可是朱寿珍一直的愿望。

"西方可以做到的，我们中国刺绣也可以。"为了实现这个目标，在 30 岁时就已经小有名气的朱寿珍做了一个出人意料的决定：去中央美术学院学油画。中央美术学院教授卓贺君知道了这件事，不由地感叹道：一个中国传统技艺的艺术家能主动从基础学习，融合东西文化，这很好。事实上，原本中央美术学院是没有成人班的，朱寿珍就这样成了一名"超龄"的美院学生，在那里一学就是 3 年。苏绣有 3 种基本针法：平针、交叉针和三角针。刺绣题材大多限于国画题材，但是无法绣出更加生动的细节。朱寿珍自创了飘逸针，这种针法可以绣出服饰的袖口的风、人物的眼神和云霞，更加显得细腻飘逸。

朱寿珍到中央美术学院学习时，早已有了自己的工作室，跟她学习的徒弟也有很多，但是学习的前一年半时间里，她还是坚持完全脱产，专心于课程的学习。"每个周五连夜从杭州赶回苏州，周末两天要带我的徒弟和处理一些工作，周天晚上又要赶回去，那时候往来只能通过城际的大巴车，很麻烦，也很累。"那段时间的艰苦岁月的结果是其绣品在融合中国画写意的风格以及西方画的表现形式后，终于得到了世界的认可。

成名之后，朱寿珍更觉得自己身负重任，在现代时尚文化冲击的当下，刺绣面临着传承的难题。"做出一幅好的刺绣，从来都不是一个人的事。"她决定以义务收徒传艺的方式培养刺绣人才，而且她专门优先招收贫困家庭的女青年。算下来，朱寿珍已经帮助了300多名女青年就业，她们平均收入在1万元到10万元不等，甚至有的自己开办绣庄做老板，再带出一批姐妹，形成了"链式"效应。朱寿珍觉得培养传统文化应该从娃娃抓起，她很想去学校办刺绣班，没想到校长也很赞同，一下子就办起来了。她采用的教学方法很特别：先让学生自己画画，然后把自己的画绣出来，这样做自己的原创作品。朱寿珍觉得喜欢刺绣是最重要的，最重要的是要有初心。然后她就开始一星期教孩子们一节课。

朱寿珍遴选了20个优秀的学生继续教学，因为人多会忙不过来。令她感动的是有一个男孩子要坚持刺绣，朱寿珍留下了他。这20个孩子到现在还在坚持学习刺绣，朱寿珍一直遗憾自己太忙，没有时间教给这些孩子更多的东西。曾有一位河南的先生领着他下岗的妻子不远千里来到镇湖，接连3天上门请求朱寿珍收他妻子为徒。"他的妻子得了忧郁症，时常哭泣。在我这里学了半年绣之后，竟真的渐渐好起来。"朱寿珍感到特别欣慰，原来这门手艺除了挣钱还能帮助人。

朱寿珍："西方可以做到的，我们中国刺绣也可以。"

 **工匠知识小课堂**

工匠精神对企业创新的意义

　　我国自古就有弘扬和尊崇工匠精神的优良传统，工匠精神是中国传统文化的精华元素。进入新时代，工匠精神应成为促进企业转型发展提质增效的关键，产业链由中低端向高端发展的核心要素，以及加强技术创新力度、淘汰落后产能的重要举措。为了实现这些目标，企业应从多方面发力，弘扬工匠精神，助力企业发展。

　　将工匠精神融入企业生产经营管理全过程，应不断提升产品品质，创造优质品牌，提升企业效益。首先，创新是新时代工匠精神的重要内容。如今，创新能力已成为国家实力的重要体现，从创新看新时代工匠精神，应包含更广的分工、更大的范围。其次，企业提升质量管理水平需以工匠精神为引领。通过制度提高质量标准，能够保障产品品质。其中，以工匠精神引领制度制定，用制度支撑"质量优先"，能够全面提升企业质量管理水平。此外，延伸品牌价值需工匠精神保驾护航。产品的品质决定其能否在激烈的市场竞争中立足，这就要求在研发中更加注重追求品质。引导员工用工匠精神对待每件产品，对产品品质拥有极致追求，恰是品牌建设和品牌价值的集中体现。

　　为工匠精神构建保障制度。在组织方式上，要按照工匠精神的核心理念进行设置，让全体员工把主要精力聚焦在产品品质和创新上。这就需要在组织机构设置上把产品研发和质量管理等职能作为重点，明确工匠的职责和权利。在制度设计上，需要给予工匠更多保障。用质量管控制度、操作流程制度、工匠培育与传承制度等来指导工匠的具体工作。此外，用待遇保障让工匠无后顾之忧，提高工匠的政治、经济、社会等待遇，如安全保障制度、职业晋升制度、福利待遇制度等。让践行工匠精神的员工得到应有的待遇，强化技能型人才的激励制度，提高工匠人才的社会地位。在培养模式上，企业需建立科学的工匠培育制度，增加人力资本投入，通过"工匠工作室"等渠道，培养和造就更多的工匠人才，同时营造尊重工匠的社会氛围，用工匠精神激励员工，树立正确的职业观，让工匠人才有更多的获得感、幸福感、安全感。

将工匠精神植入企业文化建设。工匠精神是一种企业文化和价值观，将工匠精神植入企业文化建设，能够助推员工工匠意识的培养。企业需构建质量管理文化，在企业内部形成对高品质产品不懈追求的理念，将工匠精神内化于每位员工的工作理念中，厚植于工匠精神的土壤，让员工对工作怀有一份职业敬畏感、认同感和责任感。为了践行工匠精神，企业要将工匠精神纳入企业文化的核心价值理念和行为准则，营造尊崇和弘扬工匠精神的企业文化氛围，通过各种有效方式对工匠精神进行大力弘扬和传承。

用工匠精神引领企业员工行为。企业要通过多重制度保障和厚植工匠精神的文化土壤，最终让其落实到每位员工的思想和行为上。员工要深刻领悟工匠精神的核心内涵，努力做到执着、专注、精益求精、一丝不苟、追求卓越。在工作中全身心投入，对职业怀揣敬畏之心，把每个产品当作艺术品一样精心雕琢，不断更新知识技能，勇于创新，争做行业领域的专家型人才。中国高铁始终以工匠精神追求品质，凭借领先的技术和过硬的产品赢得了国际市场。尤其是"一口清""一手精""实名制"的工作标准，即职工必须将操作流程倒背如流；严格执行标准，高质量完成每道工序；在执行的每道工序后贴上执行者名字，做到员工对产品质量负责，是中国高铁"标准为王""严谨制造"的最好体现，是对工匠精神最好的诠释。

习近平："在前进道路上，我们要始终弘扬劳模精神、劳动精神，为中国经济社会发展汇聚强大正能量。"

1. 中国刺绣四大名绣是什么？

2. 王素花身上有什么过人之处，为什么能成为汴绣之光？

3. 查找类似大国工匠的事迹，谈谈我们如何向他们学习，走好人生路。

第四板块

第四章　匠在民生

　　周平红、邹朝文、吴强三和王珮四位工匠分别在医疗、烹饪、畜禽养殖和教育领域有着杰出的表现和技艺。这些领域的发展情况及未来发展趋势如下。

　　周平红：消化内镜微创诊疗技术。周平红教授长期致力于消化内镜微创诊疗技术的创新研究，取得了多项世界首创的成果，并广泛应用于临床实践。随着人们对健康需求的日益增长，消化内镜微创诊疗技术将得到更广泛的应用，其发展将更加注重早期诊断和精准治疗，同时将进一步探索人工智能等先进技术的应用，提高诊疗效率和准确性。

　　邹朝文：烹饪技艺。邹朝文作为中国烹饪大师，拥有丰富的烹饪经验和独特的创新思维，对荣昌区非遗文化缠丝拳的传承和荣昌卤鹅标准化生产建设等工作发挥了巨大作用。未来，随着人们对美食的需求和品位的提高，烹饪技艺将更加注重食材的品质和来源，同时将更多地融合科技元素，如智能烹饪设备和数字化菜单等，提升餐饮业的服务质量和效率。

　　吴强三：畜禽养殖与营养品开发。吴强三作为中国农发集团中牧股份的工程师，致力于畜禽营养品的研发和生产，通过创新产品和技术提高养殖效益和畜禽健康水平。随着人们对食品安全和环保意识的提高，畜禽养殖业将更加注重绿色、生态和可持续发展，同时将加强科技创新和智能化养殖的推广，提高生产效率和产品质量。

　　王珮：职业教育领域。产业升级和转型促使制造业、新兴产业等领域对高素质技能型人才求贤若渴，为职业教育提供了强大的市场需求。世界技能大赛等赛事的影响力不断扩大，激发了社会对职业技能的重视。国家政策持续大力支持职业教育发展，在资金投入、制度建设、人才选拔等方面不官优化。未来，职业教育将不断向更高层次探索，培养出更多适应社会发展的综合型高技能人才。

综上所述，周平红、邹朝文、吴强三和王珮四位工匠所在领域的发展情况及未来发展趋势都与人们的日常生活密切相关，其发展趋势将更加注重品质、创新和可持续发展。在未来发展中，这些领域将积极拥抱新技术和新思维，以提升服务质量和效率，满足人们对美好生活的需求。同时，政府和社会应该加大对相关领域的支持和投入力度，鼓励企业加强科技创新和人才培养，推动这些领域可持续发展。

第一节　内镜微创，大医人生

---------------- 周平红

人物简介

　　周平红，男，复旦大学附属中山医院内镜中心主任，外科学博士、博导、主任医师、教授，国际知名消化内镜微创治疗专家，世界华人消化内镜协会副会长，中华医学会消化内镜学分会副主任委员，上海市消化内镜学会候任主任委员。

　　他擅长胃肠道肿瘤的内镜微创和外科手术治疗，创造性地开展了多项世界领先的微创治疗新技术。以第一完成人先后荣获 2016 年上海市科技进步一等奖、上海医学科技一等奖，2017 年华夏医学科技一等奖、教育部科技进步一等奖和上海医学百年发展杰出贡献奖，2019 国家科技进步二等奖等。

　　他获"上海工匠""大国工匠""国之名医""上海领军人才"及上海市五一劳动奖章等荣誉和称号，2020 年获评上海市先进工作者。

| 人物故事 |

1968 年出生于江苏泰兴的周平红，1992 年从上海医科大学毕业后就职于中山医院普外科。2 年后，他却主动要求到乏人问津的胃肠镜中心工作，一手拿刀，一手拿镜，从切除简单的肠息肉起步，一头扎进了内镜微创大世界。

周平红人物故事

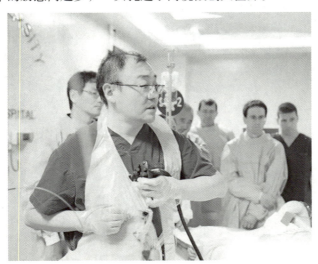

周平红独闯传统内镜手术禁区，在国内率先开展内镜黏膜下剥离术治疗消化道浅表早癌并向全国推广，将内镜切除技术应用于消化道夹层（黏膜下）肿瘤，国际首创内镜黏膜下下挖除术、全层切除术和隧道切除技术，领先欧美国家整整 10 年，国际指南据此由禁忌证改写适应证。在国际率先开展隧道切除技术，手术量占全世界一半，成为贲门失弛缓症等消化道功能性疾病治疗的首选；作为第一个被邀请参加德国国际消化内镜大会做内镜治疗的中国人，周平红在德国首次演示了这套技艺，其手术方式为世界首创，周平红在国际上首次实现了在消化道黏膜下狭窄空间用内镜切除肿瘤，打破了过去内镜只能切除表层肿瘤的局限性。

2006 年，周平红出国进修，发现日本早在 10 年前就采用整块切除技术治疗消化道早期癌症。回国后，他着手"内镜黏膜下剥离术"的改进，尝试从传统的"片皮鸭"到最新的整块剥离，没有工具，他亲自动手制作钩刀。当时国内反对声一片，因为胃肠壁薄，风险大，稍有不慎就容易穿孔。而周平红胆大心细，他来到附近肉联厂，买来 6 副猪肠、猪肚，反复实验，操练手法。2006 年下半年，第一例直肠 3 厘米息肉用钩刀整块切除手术大功告成，之后，又用于合并癌的内镜微创切除，免除了病人开胸开腹之苦。周平红成为国内最早采用"内镜黏膜下剥离术"同时治疗胃癌、肠癌、大肠癌的第一人。

2007年初，周平红开始勇闯禁区，采用内镜微创术对胃肠道夹层肿瘤进行"挖瘤"。这项技术，领先欧美、日本10年。

2010年，周平红又大胆改进，采用打隧道技术，对一名贲门狭窄高中女生采用经口内镜肌切开术进行治疗。不仅手术时间缩短，而且安全性提高。术前该姑娘吃一顿饭得1小时，术后一个月体重增加5千克。

周平红将中山内镜微创切除治疗的3部曲形象地概括为"剥皮、挖瘤、打洞"。2011年，中国消化内镜微创手术第一次展示在世人面前，周平红行云流水般的技艺令全世界同行刮目相看，一时间，国外医生纷纷前来中山内镜学习进修。2012年在维也纳召开的世界消化内镜6个主题演讲中，周平红一人包揽3项，这在世界内镜史上绝无仅有。10年来，周平红的足迹踏遍5大洲，学生遍布全世界，他每年出国讲课做手术数十场，在埃及和美国还设有工作室。2018年，一名美国圣地亚哥心内科教授患了食管肿瘤，打听到3月周平红前来纽约参加国际消化内镜大会，于是一家四口飞往纽约，请他做手术。周平红的微创手术几近完美，使美国患者迅速康复。

"全世界消化内镜领域，没有人不知道中山内镜"，周平红自豪之情溢于言表。解决别人解决不了的难题，一切从病人出发，解决病人的苦痛，中山内镜以技术开发为立身之本，周平红创造了20多项实用新型发明专利，近日有5项专利整体转化，造福患者。他不断拓宽内镜微创手术的范围：由内向外、由表及里、由器质性到功能性，只要内镜能触及的，就是他微创手术的范围。消化内镜微创治疗减轻患者痛苦和经济负担，提高了医疗卫生服务效率。2016年，周平红作为医疗界唯一代表入选专题片《大国工匠》，社会反响强烈。

> 周平红："第一次到米兰的时候，各国专家握手拥抱，但到了中国专家，专家们把左右两次拥抱减少到了一次，有的也仅仅寒暄一下。我知道，是别人不愿意搭理我们。当时觉得不仅是尴尬，还有不能与外人说的耻辱感。"

案例评价

周平红，为"内镜"而生。从籍籍无名的普外科和内镜普通医生，到登顶国际消化内镜微创领域金字塔的专家，从中国第一运动员身份参加"内镜世界杯"比赛，到中国唯一"内镜世界杯"裁判，他以敢于挑战、勇于创新的志气与豪气，在国际上首创多项内镜微创新技术，勇夺内镜诊疗领域"中国话语权"，"领跑"全球内镜标准。曾获"大国工匠"的他用27年的"内镜"人生，书写了中国内镜传奇。他不断突破自己的救治人群。患者中，无论是百岁老人，还是不足月的婴儿，他都以一颗医者仁心悉心救治。一位患贲门失弛缓症的百岁老人，被吞咽困难折磨了整整40年，周平红为他施行微创手术后效果立竿见影。老人拉着周平红的手，一个劲地说："周教授，40年来我从没有像今天这样顺畅地吃口饭。"

2021年，周平红又刷新了最小患儿的纪录。一名出生仅23天、体重仅3.2千克的婴儿，由于先天性幽门肥厚导致幽门狭窄，吃奶便吐，周平红采用胃镜下打隧道的方法，打通了全世界最小婴儿的消化通道。

除了出差，他每天7点前准时到院，7点半开始胃肠镜检查，下午手术。他每年的内镜诊疗量达五六千台，最多一天胃肠镜检查量达到60例。他每年飞行里程达30万千米，跑遍了全国每个省份和世界各地，7次赴西藏讲课、手术，他所在日喀则的"大国工匠"内镜工作室，2020年被列为国家精准扶贫项目。

在内镜微创世界穿行27年，周平红一手拿刀，一手拿镜，在消化道内镜肿瘤的诊断、治疗中发挥了得天独厚的优势。"病人回头看、同行点头看、国际仰头看"，他站到了世界消化内镜舞台的中央。

> 周平红老师寄语同学们：首先，要有博大深厚的情怀，大爱无疆。其次，要有强烈的责任心，大任无怨。再次，要低调做人，踏实做事，大智若愚。最后，要有感恩之心。

|人物引领|

　　他，主刀完成中国第一例肝癌中叶切除手术。他，创造了肝胆外科手术多项世界纪录，他就是中国科学院院士——"中国肝胆外科之父"吴孟超。

　　"在医生这个岗位上，我感悟了生命的可贵、责任的崇高、人生的意义。看来，我这一辈子是放不下手术刀了。我曾反复表达过个人的心愿：如果有一天我真的倒下，就让我倒在手术室里，那将是我一生最大的幸福！"

——吴孟超

　　吴孟超（1922.8—2021.5），福建闽清人，著名肝胆外科专家，中国科学院院士，中国肝脏外科的开拓者和主要创始人之一，被誉为"中国肝胆外科之父"。他是我国肝脏外科事业的重要推动者，成功完成我国第一例肝脏外科手术，还研究出符合中国人体质的肝脏外科手术技术体系，使我国肝癌手术成功率从不到 50% 提高到 90% 以上。从医 70 余年，吴孟超院士先后完成 16 000 多台手术，成功救治 20 000 多名患者，先后获得国家最

高科学技术奖等奖励近 40 项和各种荣誉 30 多项。2021 年 5 月 22 日，吴孟超因病医治无效，在上海逝世，享年 99 岁。吴孟超常说，"我这一生有三条路走对了：回国、参军、入党。如果不是在自己的祖国，我也许会很有钱，但不会有我的事业；如果不在人民军队，我可能是个医生，但不会有我的今天；如果不是加入党组织，我可能会做个好人，但不会成为无产阶级先锋队的一分子。而从医，让我的追求有了奋斗的平台"。

　　吴孟超的童年，是在漂泊中度过的。1927 年，5 岁的吴孟超随家人移居马来西亚，上午割胶、做家务，下午去学校念书，靠着这种半工半读的生活，吴孟超小学毕业后考进了当地华侨创立的光华初级中学。此后，抗日战争全面爆发，山迢迢、水迢迢，阻不断一名爱国青年的报国情。"回国找共产党，上前线去抗日！"抱着这一

朴素心愿，1940 年春，吴孟超踏上回国之途。由于战争封锁到不了延安，他回国后先求学，考取同济医学院，成为"中国外科之父"裘法祖的学生。经历了抗日战争胜利、解放战争，吴孟超看到了上海解放。此时，"我要加入中国共产党""我要成为一名解放军"成为吴孟超的强烈愿望。1949 年到 1956 年，他连续递交了 19 封入党申请书，终于在 1956 年光荣地成为一名共产党员。在此后漫长的人生道路上，信仰的力量一直激励着吴孟超，催他奋进，去攀登一座又一座医学高峰，夺取一项又一项科学成果。

1958 年，长海医院收治了一名肝癌患者，并特请某国外权威医生主刀。彼时，吴孟超作为助手，参与了这场手术。手术持续了 5 小时，患者的肝脏不断渗血。两天后，患者因失血过多不幸去世。裘法祖告诉吴孟超："世界医学发展很快，但肝脏外科目前很薄弱，我国在这方面还是一片空白，偏偏我国又是肝脏疾病高发地区，如果你有决心，可以往这个方向发展。"就此，吴孟超一头扎进了肝脏外科的领域。肝癌被称为"癌中之王"，致死率极高。而当时，世界上每年新发肝癌患者中，中国人占到一半左右。吴孟超下定决心"要把中国这顶肝癌大国的帽子扔到太平洋去"。理想很美好，但现实荆棘丛生。当时，中国肝脏外科处于"三无"状况：没有教科书，没有肝脏解剖理论，没有成功的肝癌切除手术先例。吴孟超一头扎进图书馆，找到一本由美国人编写的《肝脏外科入门》，并和同事方之扬一起将这本 20 多万字的书翻译出来，这也是世界上第一部中文版肝脏外科译著。此后，吴孟超又和张晓华、胡宏楷组成"三人研究小组"，攻关"癌中之王"，吴孟超任组长。3 名血气方刚的年轻人白天在病房工作，晚上便凑在一起讨论、做实验。1959 年，吴孟超团队创立中国人肝脏"五叶四段"的经典解剖学理论，奠定了我国肝脏外科的理论基础；1960 年，他主刀成功完成第一例肝癌切除手术，发明"常温下间歇肝门阻断法"，开创我国肝脏外科手术止血方法先河；1963 年，吴孟超成功完成世界首例肝中叶切除术，使我国迈进国际肝胆外科的前列。1964 年 9 月 17 日，《文汇报》头版头条报道《"三人研究小组"攀登肝脏外科险峰的故事》：仅用 7 年时间，吴孟超便带领团队从无到有，不断创新，实现了我国肝脏外科理论基础研究和临床治疗的重大突破。

在医学上，吴孟超创造的奇迹还有很多。他切除重达 18 千克的肝海绵状血管瘤，这是迄今为止世界上最大的肝海绵状血管瘤；为 4 月龄女婴切除肝母细胞瘤，打破了肝脏手术最小患者年龄的世界纪录；接受他手术的肝癌患者最长存活了 45 年，同样创造了世界纪录。2011 年，上海大世界吉尼斯总部正式致函：88 岁的吴孟超，在 2010 年一年内主刀完成 190 台肝肿瘤切除手术，创造了外科医生年龄最大还坚持经常做手术的吉尼斯世界纪录。这项纪录之后，吴孟超又把传奇延续了好多年：坚守一线，直至 97 岁才正式退休，成为世界上最高龄的外科手术操刀者。"我国肝脏疾病的诊断准确率、手术成功率和术后存活率均已达到世界领先水平。发达国家的患者都来我们中国治病咧！"吴孟超生前接受采访时，曾经这样动容地说。让记者同样难忘的是，对于肝胆外科的未来发展之路，他也有更深入的考量。"应该重视基础研究，治疗时要为病人着想，不能总用贵的药，要能更便宜、更好地治愈病人。"

在外科领域有个不成文的规定，手术台上，谁的职务最高，谁就要负主要责任。吴孟超从不怕担责："名誉算什么？我不过就是一个吴孟超！"吴孟超一生拥有无数荣誉和头衔，但他最看重的无非三个：一个是共产党员，一个对病人来说是"医生"，一个对他的学生而言是"老师"。如今，中国肝胆外科的中坚力量中，八成都是吴孟超的学生。上海东方肝胆外科医院临床护理学教研室主任叶志霞与吴孟超共事 30 多年，让她最感佩的一点是吴孟超的果敢与担当："救台"是吴孟超最常干的事，哪台手术没做好，吴老都会立马冲进去。

为了让年轻人快速成长起来，吴孟超善于为他们搭建舞台。上海东方肝胆外科医院肿瘤科主任袁振刚至今还记得，他在吴孟超老师的支持下创建肿瘤科的艰难历程。"老师肯放手让年轻人去探索，成立肿瘤科需要哪些人才、什么设备和场地，老师都大力支持。"吴孟超拥有将肝胆外科医院发展成为各科室完备的综合性医院的前瞻性和广阔胸怀，在他的提携和指导下，越来越多的年轻人挑起了肩上的重担。吴孟超教导年轻人时常说一句话："德是第一位，术是第二位。"他也常援引恩师裘法祖的话："做人要知足、做事要知不足、做学问要不知足。"大医有大爱。这份爱，时常让身边人感到温暖。据说，生活中的吴孟超很"抠门"，手术餐常年是两菜一汤，工作人员曾经想改成四菜一汤，他不同意："我年纪大了，吃不了那么多。"在吴孟超身边工作多年的张鹏透露了一个细节：在医院，吴孟超的"小气"是出了名的。他洗手后把水龙头拧到最紧，出办公室哪怕几分钟也得关灯，吃饭时盘子里的菜一定"按需分配"得干干净净。吴孟超下班的"标配"动作便是锁门、关灯。但吴孟超也有极其大方的时候。1996年，他用自己的奖金为社会捐款500万元成立了"吴孟超肝胆外科基金"，重点资助在肝胆领域取得杰出成绩的医疗和科研人员；2006年，他把获得国家最高科学技术奖等奖励共计600万元奖金，全部用于医院的基础研究和人才培养；2008年，他在汶川大地震发生后的第一时间，向灾区捐赠价值500万元的急救药品……

手执柳叶刀，心中存大爱。在摘获国家最高科学技术奖后，大家觉得这已是吴孟超的事业顶峰，但他并未停歇，又联合了6位知名院士向国务院提交了"集成式研究乙型肝炎、肝癌的发病机理与防治"的建议案，被列入国家科技重大专项。此后，80多岁高龄的吴孟超一直为创建国家肝癌科学中心四处奔波。功夫不负有心人，2010年12月，国家发展改革委正式批复国家肝癌科学中心立项，这是我国继组建国家纳米中心之后的第二个国家级中心。而后，他又带着团队精心选址，最终选定在嘉定区安亭镇建设国家肝癌科学中心和东方肝胆外科医院安亭新院。筹建期间，吴孟超数次赴京协调沟通相关事宜。一天，他汇报结束，非常疲惫，每走几步就要扶着墙休息一下。随行人员感慨："吴老这个年龄了，不但要上手术台开刀，还要为筹建新院不停奔波，真是蛮拼的。"2017年初，一座占地面积3万平方米的现代化建筑正式竣工。那天，已经95岁高龄的吴孟超异常激动。肝胆两相照，不老柳叶刀。吴孟超很喜欢医学泰斗裘法祖的这句名言："德不近佛者，不可以为医"。知行合一，吴孟超用一生践行着这句话。

> 吴孟超院士在采访中回顾自己的一生："选择回国，我的理想有了深厚的土壤；选择从医，我的追求有了奋斗的平台；选择跟党走，我的人生有了崇高的信仰；选择参军，我的成长有了一所伟大的学校。"

工匠知识小课堂

匠心传承精神的基本内涵

很多人认为工匠是一种机械重复的工作者，其实工匠精神有着更深远的意思。它代表着一个时代的气质，坚定、踏实、精益求精；也代表着一个集体的气质，耐心、专注、坚持、严谨、一丝不苟、精益求精等一系列优异的品质。对于我们每个从业者来说，在学习的时候，我们要用一种执着、精益求精的工匠态度积极地面对学习，将学习中的任务当作工艺品去雕琢。今天我们真正要学的，是工匠制度，用制度养成制造业的工匠习惯，再把工匠习惯升华为工匠精神，代代传承下去，创造出个人和社会的伟大价值。

工匠精神落在个人层面，是一种认真精神、敬业精神。工匠精神不是口号，也不浪漫，它应存在于每个人的身上和心中，追求完美和极致，对精品有着执着的坚持和追求，带着"工作是一种修行"的工作观，每天享受通过努力获得的成长，取得的成绩，达成的结果。

工匠精神落在企业家层面，就是企业家精神，当志存高远，追求科技创新、技术进步，如同工匠一样，琢磨自己的产品，精益求精，经得起市场的考验和推敲。工匠不都能成为企业家，但大多数成功企业家身上都有这种工匠精神。

可以说工匠精神为中国制造指明了方向，重塑工匠精神，是生存、发展的必经之路。工匠精神，是一个方向、一种积累、一种个性、一种修行。让我们每个人都抱着对人生的敬畏，做自己人生的工匠。

习近平总书记指出："大国工匠是我们中华民族大厦的基石、栋梁。"

1. 周平红是什么时候开始接触并对消化内镜科产生浓厚兴趣的？

2. 周平红团队的内镜切除手术，在世界上名列前茅吗？

3. 周平红是如何代表中国医生登上世界舞台的？

第二节　舌尖棠城，五味乡情

不断创新
让荣昌美食走向世界
——棠城工匠 邹朝文

------------------ 邹朝文

｜人物简介｜

　　邹朝文，男，汉族，1966年7月生，重庆市荣昌区古昌镇人，民进荣昌区经济支部会员，荣昌区政协委员，大学专科学历，1988年起从事餐饮工作，现任荣昌区武术协会主席、朝文火锅城总经理、中国武术六段、国家武术一级裁判、特级厨师、中国烹饪大师，荣昌昌龙中学校校长、荣昌三惠餐饮文化股份有限公司董事长、重庆康惠中医院常务副董事长，荣昌餐饮商协会会长，对荣昌区非遗文化缠丝拳的传承、荣昌卤鹅标准化生产建设等工作发挥了巨大作用。

　　2008年，邹朝文被选为北京奥运火炬手，同年进修中央广播大学工商管理（企业管理）学。

人物故事

邹朝文人物故事

　　"荣昌三惠鹅府"创始人邹朝文研发的一款新菜品即将面世，近日，邹朝文决定再做一次味型鉴尝。

　　邹朝文觉得鹅肉菜品的烹制方法在全国范围内都很单一，作为中国烹饪大师的他，尝试着将荣昌白鹅烹制出更多味型，使鹅肉菜品更加丰富。而这次研发的新菜品功夫鹅柳工序复杂，制作时间较长。多年来邹朝文致力于打造荣昌特色美食，以荣昌白鹅为原材料，在原有传统烹制方式的基础上，不断创新改进，研究出一套独有的鹅肉烹制手法。

　　"全鹅宴"上从凉菜到热菜，再到小吃，所有菜谱都由他亲自设计，结合烧、卤、烤、煎、炸、炖、焖等技法，力求把鹅肉的美妙滋味最大限度地挖掘出来。现在邹朝文与他的厨师团队将荣昌白鹅开发出128道菜品，还申请了鹅肉食品方面的专利发明。荣昌卤鹅，一种传统的荣昌美食，以家庭作坊生产为主，量小而分散。2011年，邹朝文成立"三惠生态食品加工厂"率先建成标准化生产线，主要研发荣昌卤鹅定量卤制技术，开发固态卤料等项目，全力提升荣昌卤鹅品质。邹朝文为了把荣昌卤鹅推向更广阔的市场，先后在永辉超市、重庆江北国际机场等建成40家直营店，并在淘宝、天猫等网络平台实现线上线下同步销售，让荣昌美食走向世界。

　　邹朝文所理解的工匠精神，就是要不断创新，不怕失败。把"全鹅宴"打造成荣昌亮丽的"名片"，吸引更多的人到荣昌来，让他们品尝到荣昌的好味道。

　　邹朝文："制作卤鹅，最好选择生长期在70~80天的土白鹅，这种白鹅肉质细嫩，卤制后更能入味。"

案例评价

　　荣昌区人大代表、中国烹饪大师、重庆老字号协会副会长、重庆江湖菜促进协会副会长、荣昌区三惠餐饮文化股份有限公司董事长……集众多头衔于一体，邹朝文展示出耀眼的风采。

　　2008年，邹朝文创立荣昌区三惠餐饮文化股份有限公司，旗下有"荣昌三惠鹅府"与"三惠生态食品加工厂"。身为董事长，他亲自设计菜谱，配制调料，创新烹饪手法，将白鹅的全身都利用起来，做成精美的菜肴，把握菜肴色、香、味的传统特色，同时适应当代人对食品的审美需求，从"精致"上下功夫。通过广泛听取消费者的意见和建议，不断改进配料配方以及烹饪方法，根据客人的口味设计不同的菜品风格，目前已推出100多道精美鹅肉菜品。

　　2017年，邹朝文带领公司与西南大学合作研发荣昌卤鹅定量卤制技术，开发固态卤料等项目，全力提升荣昌卤鹅品质。公司先后获得"中国餐饮名店""中国特色餐饮美食名店""重庆区县特色餐饮100强"荣誉称号，三惠鹅制品先后获得"重庆老字号""中国名优食品""中华名小吃""荣昌十大名菜"等称号，菜品已编入《重庆江湖菜大典》及《四川烹饪》等美食杂志。如今，三惠鹅府已经成为荣昌特色餐饮的一块招牌，为荣昌的餐饮文化增添了一道亮丽的风景。现在，三惠鹅府正向外扩展，已经在重庆渝北、大足、长寿、南川，贵州赤水，湖南长沙等地开设分店，立志将三惠鹅府的全鹅宴摆进全国各大城市。

　　荣誉和成功只代表过去，拼搏奋进之路还在延伸。始终没有停止前行步伐的邹朝文，正一如既往地打造荣昌白鹅特色产业，努力为荣昌地方经济发展做出更大的贡献。

> 邹朝文："荣昌卤鹅偏向于潮卤口味，常用香料有八角、桂皮、山柰、白蔻、丁香、小茴香等，配好的卤料包并不是直接开卤，而是跟鹅一样，需要先汆水，这样熬出的卤汁更为温和，香而不燥。"

人物引领

赵会连，北京首旅酒店集团北京市民族饭店面点厨师长。2020年12月，被评为北京市劳动模范。2021年4月，入选第二届"北京大工匠"。他制作的象形点心因独特创意及工艺多次获得国际大奖。

2022年7月，来自马里的留学生张衣笙和来自哥斯达黎加的留学生杨思思来到北京市民族饭店，向赵会连学习象形点心制作，感受这项技艺的独特魅力。杨思思和张衣笙品尝了赵会连制作的象形点心。在杨思思被"象形苹果"吸引的同时，张衣笙也惊叹于核桃酥的美味。赵会连现场教两位留学生制作象形点心之一——核桃酥。在赵会连耐心的指导下，两位留学生很快就能上手了。张衣笙直呼："太厉害了！"

这些点心不仅造型精美，更被赋予了美好的寓意。核桃酥的谐音"和"，意为"和和美美，美美与共"。而它与"象形苹果"的组合即为"和平"，象征着世界和平。这些奇妙的寓意也让杨思思惊叹："这些糕点不仅漂亮，还有独特的寓意，真是奇妙！"

当谈到自己的面点制作之路时，赵会连笑道："当时是中秋节，看着师傅示范制作的精致面点，我一下就被吸引住了。"因那时缺人手而被临时叫去车间做面点的赵会连也许不会想到，这些巧夺天工的食物将与他相伴一生。而现在这些面点工艺已吸引了各国友人前来观摩学习。创意和精巧的手艺使点心从寻常巷陌走向国宴大堂，从北京走向了世界，赵会连向世人展示着中式点心制作的魅力。他是国家级面点大师，更是具有工匠精神的中国匠人。

在这次体验中，留学生不仅了解了象形点心的制作过程，更感悟到独属于中国的匠人精神。赵会连用行动向世人讲述着具有东方韵味和中式优雅的面点背后的故事。

用匠心做出美味，用一双巧手绘就人生蓝图。赵会连是如何从当年的学徒小赵，成为如今行业内享负盛名的赵大师的？一起走进他的故事。

中式面点师赵会连说："8 000多根，你可以用手感觉一下，就跟缎子一样，龙须面细到用火一点它就着了，可以点一下。"这一根根细如发丝的龙须面正是出自民族饭店的中式面点师赵会连之手。赵会连今年46岁，已经接触中式面点28个年头。刚来北京时，他还只是一名传菜员，偶然的一次经历，他见到了精美绝伦的"硕果花篮"面点。从此，成为中式面点师的种子在他心中萌芽。为了实现理想，赵会连夜以继日，刻苦练习。

中式面点师赵会连说："8点下晚班以后，我每次都要求值班，把师傅白天做的都回忆一遍，每一样都要做一遍，晚上2点之前没睡过觉。当时受伤受多了，时间长了，这是学徒时候烫的，二十多年了还有。"

赵会连师承面点大师郭文彬。师傅不仅传授技艺，更在生活与品德上对他谆谆教诲。通过28年孜孜不倦的努力，赵会连最终成长为一名手艺精湛的大师，并斩获了"北京大工匠""全国技术能手"等荣誉称号。凭借一双巧手，他还将精益求精的理念融入中式面点的制作中，将翻糖、面塑等各种技法修炼至深，推出了兼具观赏性、营养性和美味性的核桃酥、柿子酥等象形中式面点。在北京APEC峰会、"一带一路"高峰论坛、北京冬奥会等重大活动中，成为国宴上的闪耀明星，受到国内外宾客的一致褒奖。

中式面点师赵会连："现在人吃茶歇，刚热着吃是没问题的，凉了以后它又会干，皮子也会裂。我手里拿这个核桃叫混酥面，凉了以后，口感跟这热的几乎差不了多少，而且形状包括颜色都能跟原物差不了多少。"

沉甸甸的荣誉与责任感让赵会连更加感受到传承的力量。如今，46岁的赵会连也有了自己的徒弟，他努力将自己所学传承下去。

中式面点师赵会连说："做面点的好多技法，都是我们师傅手把手教下来，传承下来的。我也要把这些手把手教给我的徒弟或者学生，这些东西不是书本上有的，而是一步步传承下来的。"

如今赵会连仍在岗位上不断坚守着，饱含着最初的热爱与执着，不仅实现了自己的人生价值，更是努力发扬中式面点的文化底蕴，向世界展示"中国味道"。

中式面点师赵会连说："我感觉无论做什么事，只要持之以恒，耐得住寂寞，一直坚持下去，每个人都有自己美好的未来。"

> 赵会连："中式面点种类丰富、造型百变，各地的特色小吃、主食、点心等都包含在内，具有鲜明的地域特色和文化积淀。"

工匠知识小课堂

匠心传承的表现形式

1.传承工匠精神要敬业。敬业是从业者基于对职业的敬畏和热爱而产生的一种全身心投入的认认真真、尽职尽责的职业精神状态。

2.传承工匠精神要精益求精。精益就是精益求精，是从业者对每件产品、每道工序都凝神聚力、精益求精、追求极致的职业品质。

3.传承工匠精神要专注。专注是内心笃定而着眼于细节的耐心、执着、坚持的精神，这是一切"大国工匠"所必须具备的精神特质。

4.传承工匠精神要创新。"工匠精神"还包括追求突破、追求革新的创新内蕴。古往今来，热衷于创新和发明的工匠一直是世界科技进步的重要推动力量。

5.传承工匠精神是社会文明进步的重要尺度、中国制造前行的精神源泉、企业竞争发展的品牌资本、员工个人成长的道德指引。"工匠精神"是追求卓越的创造精神、精益求精的品质精神、用户至上的服务精神。

习近平："只要有志向就会有事业，只要有本事就会有舞台。"

1. 为了找到更广阔的市场，邹朝文把荣昌卤鹅推向了哪些销售平台？

2. 邹朝文与他的厨师团队将荣昌白鹅开发出多少道菜品？

3. 近年来，邹朝文研发的白鹅类新菜品都有哪些？

第三节　生态畜牧，变废为宝

---------------- 吴强三

人物简介

　　吴强三是"80后"，本科和研究生阶段学的都是化学，2008年参加工作，进入中牧实业股份有限公司，一直做到现在。其实，这并非他第一次接触畜牧业。吴强三老家在山东潍坊，山东是农业大省，潍坊的养殖产业更是发达。他父母就是靠养鸡养鸭供他读书，他对养殖行业一点都不陌生。因此，在毕业时，他本有人药企业和兽药企业两个选择，但最后他选择了兽药企业。

人物故事

吴强三人物故事

他叫吴强三，是中国农发集团中牧股份的工程师，也是一名专门从事畜禽营养品研发的"畜禽营养师"。日前，记者见到吴强三时，他正在实验室里研究新产品。吴强三说，过去，畜禽生病了很多养殖户就会在饲料中添加抗生素，导致畜禽体内抗生素残留超标，对人体健康造成影响。

为了从源头上解决这个问题，2017年，吴强三带领科研团队研发出一种无抗绿色的饲料添加剂，也就是动物能吃的营养品——"酶维宝"。通过在饲料中添加酶制剂，提高动物对饲料的消化率，降低生病概率，从而减少抗生素的使用。"动物也是一样的，它在体内没有这个酶的时候我给它补充进去，之后动物就不会产生腹泻了，不会有这种病理性的现象产生。"因此，整体来说就是动物的健康状况可以改善。每研发一种产品，都要做三四项动物实验，做动物实验，就不能怕脏怕累。在做保育猪的实验时，吴强三需要每天收集动物粪便。因为猪在排泄后会随意走动，影响实验样本的完整性。为了拿到准确的消化率实验结果，吴强三就化身为一名"铲屎官"，经常和猪上演"抢粪"大战。"其实我记得当时跟猪抢粪便，我还是抢的比较厉害的。每一个人在一个笼前，猪一拉下来之后，戴好手套直接就去接，接完了之后其实就是跟猪抢粪便。把粪便抢完了，迅速地放入我们的一个容器中进入冷冻，冷冻之后让微生物停止活动，之后，再低温烘干，烘干的时候再去测一下这个猪的消化率。"

因为从小在农村长大，家里也都是干养殖的，所以，吴强三对养殖工作有比较深入的了解。集约化的养殖方式，很容易导致畜禽营养不均衡。一旦产品质量下降，卖不上好价钱，养殖户一年的心血也就白费了。因为大家知道养1万只鸡投入是非常大的，如果说这批鸡（的问题）你没有帮他解决，如果说是真的出问题了，他没有获得他的经济效益亏本的话，确实我觉得对于农民是非常伤心的一件事情。对于我们来说，更多的是把书本上的一些理论的知识进一步提炼，上升到一些实际操作的流程和方案。

2008年至今，吴强三始终坚守产品研发一线。他常说，实践出真知。要想做一名称职的"畜禽营养师"，就必须耐得住寂寞。"我们做这个行业关系到老百姓肉蛋奶的问题、食品（安全）的问题。第一个从工作的角度上来说，你要耐得住寂寞。你在做实验的时候你不知道，当然我们可以去设计，但你不知道下一步会出现什么样的问题，你不知道你做的这个方向是不是真正的能够出来结果。一定要时刻坚定自己的信心，一定要有韧性，把这件事情坚持下去。因此，这一块真是实践出真知。"

除了研发，吴强三还负责产品的推广工作，一年中近200天都在出差。在他看来，只有与养殖户接触，了解他们的实际需求，才能研发出更好的产品。目前，产品在业内很受欢迎。我们了解了客户很多的需求，也见证了客户很多自己的方案。从目前我们的推广上来看，养殖户也罢、饲料厂也罢，这个产品的欢迎度是很高的，2018年相比2017年翻倍，2019年5月的销量已经达到2018年全年的销量。

> 吴强三："我们做这个行业关系到老百姓肉蛋奶的问题、食品（安全）的问题。"

｜案例评价｜

"我在他身上能看到一个研发人员的转型升级，就是研发人员走向养殖场。"吴强三的领导、中牧实业股份有限公司副总经理王水华说，除了搞研发，吴强三还是产品经理，经常和全国各地的养殖户接触，一年中至少有180天都在出差，很辛苦。在吴强三看来，实地跟养殖户接触，才能够知道他们各种各样的需求，有些他们能够现场解决，解决不了的还可以拿回来继续研究，他乐在其中。

不过，这也让他错失了很多跟家人相处的时间。妻子是学药学的，能够理解他的职业特性，但有时也不免有怨言。前段时间，妻子怀着二胎，还得每天带大儿子去医院输液。

等到吴强三忙完着急赶回来后，儿子的病也好了。"从事这个工作，就要干这个事情。"他说。吴强三的工作看似很遥远，其实与我们的生活息息相关。比如，在买鸡蛋时，人们倾向于买光泽度较好的鸡蛋，一些沙皮蛋、血斑蛋则备受冷落。再如，养鸡场的一大笔收入来源是卖淘汰鸡，但有的养鸡场的淘汰鸡掉毛严重，很难卖。怎么让鸡蛋长得好，鸡不掉毛？在养殖过程中，这样的小问题不少，吴强三就是专门为这些问题提供解决方案，这也磨炼了他的实际操作能力。

尽管如此，但吴强三有时也会怀疑自己。"当你把所有的时光和精力都花在研发上的时候，你就会很迷茫，有时候夜里会想，我做的是不是对的，会不会最终一事无成，所付出的努力能不能解决养殖户的难题。"他说，对未知结果的期待和迷茫，是比身体劳累更大的困难。所以在他看来，有时候，选择比努力更重要，而选择之后，一定要坚定自己的信心，还要有韧性、有耐心。作为畜牧行业从业者，这也是他们理解的"绿色生态工匠"。

> "当你把所有的时光和精力都花在研发上的时候，你就会很迷茫，有时候夜里会想，我做的是不是对的，会不会最终一事无成，所付出的努力能不能解决养殖户的难题。"吴强三说，对未知结果的期待和迷茫，这是比身体劳累更大的困难。

| 人物引领 |

近日，教育部公布首届"全国高校毕业生基层就业卓越奖"获奖名单，共确定奖励 398 名优秀高校毕业生和 60 名优秀指导教师，江苏农牧科技职业学院动物科技学院的 2013 届毕业生姚竹青荣耀上榜！

在江苏盐城大丰的上海域外农场里，有一片蛋鸡养殖场。仅用了 6 年时间，他便从一名养鸡实习生成长为蛋鸡养殖场场长、上海市"五一劳动奖章"获得者、"上海市青年技术能手""上海市劳动模范"。他就是上海农场禽业公司蛋鸡养殖场场长姚竹青。

坚定农牧情怀，扎根养殖一线

姚竹青 2013 年毕业于江苏农牧科技职业学院畜牧兽医专业，从毕业前实习开始就一直扎根在上海农场禽业公司，一干就是 10 多年，作为一名"90 后"，姚竹青经常会被问为什么放弃去大城市，选择在农场养鸡。"曾经也犹豫过，但最后还是决定和妻子留乡，我感觉并没有舍弃什么，我认为和在城市工作没有什么区别，做一行爱一行，既然我选择了这个行业，就准备干出一番事业。""踏实能干，敢打敢拼"是姚竹青反复强调的，也是一直以来他所实践的。

转变养殖模式，勇于科技创新

他作为一名勇于创新、肯于钻研的"90 后"，建立了"姚竹青科技创新工作室"，他提出"进口设备国产化"的工作思路，以"定制加工"和"自主研制"两种方式完善进口蛋鸡养殖设备的配件体系。2016 年以来，他先后牵头设计研发了"鸡舍巡棚车""疫苗恒温、冷藏一体预温锅"等配套设备，对鸡场净水系统和消毒设备等多项设施进行技术革新，提升了生产效率，填补了国内空白，同时他还主动转变传统养殖模式，优化免疫程序，探索无抗养殖，打造安全、优质的鲜蛋产品。今年"姚竹青科技创新工作室"相继被评为光明食品集团"职工创新工作室"和"上海市劳模工作室"。

注重团队建设，赋能养殖事业

他注重团队的建设，全面提升创新工作室的全员素质水平，时常组织召开员工思想会，倾听职工的心声，让员工了解禽业的发展，让员工增强主人翁意识，主动担责挑大梁。他努力打造一支冲锋在前、敢打敢拼的高素质高技能人才队伍，利用"创新工作室"平台，不断进行技术革新和创新项目研发，持续为蛋鸡养殖事业注入新鲜活力。团队在他的带领下完成了"中草药减抗替抗实验"，完成了水线清洗消毒检测的流程制定及配套设备的开发，保障了冬季防控的重点－防控流程的有效性。

他在生产上加强监管、降本增效，及时修补料槽缺口，降低饲料霉变，减少饲料浪费。全面落实生物安全防控措施，补齐生产管理中的短板。他持续开展了蛋鸡科学饲养管理方面的实验，主要包括高温高湿对产蛋高峰期蛋鸡的影响、蛋品品质提升、减抗替抗等方面，他饲养的鸡群产蛋率最高达到98%，产蛋高峰期高达45周，产蛋期料蛋比达到2.15，这些优异的生产数据都远超海兰生产标准。目前，他负责上海农场禽业公司蛋鸡养殖二分场的生产管理工作，凭借扎实的专业技能和先进的操作方法，他所负责领域的各项生产数据均达到国内领先水平。

履行使命担当，肩负社会责任

他切实履行使命担当，放弃与家人团聚的时光，驻扎工作岗位，加班加点全力保障市场供应，确保市场禽蛋供应，为防疫阻击战做好后勤保障。

他坚决贯彻集团及农场新冠疫情防控要求，特殊时期全面落实责任，维护鸡场生产的稳定，保障上海市民生"菜篮子"，承担起新时代青年人应有的社会责任。

不忘初心使命，做新时代农牧匠人

他凭着对蛋鸡养殖事业的热爱，从一名初出茅庐的蛋鸡养殖技术员成长为"行业技术能手""上海市五一劳动奖章获得者"和"上海市劳动模范"。工作中他攻克了一个又一个技术难关，用实实在在的成绩为"青年工匠精神"代言。用青春浇灌热土，用农道耕种信任，姚竹青怀着对蛋鸡养殖事业的执着和热爱，在平凡的工作上成就了非凡的业绩，在殷实农场建设中留下了坚实的青春印记。

姚竹青："我认为和在城市工作没有什么区别，做一行爱一行，既然我选择了这个行业，就准备干出一番事业。"

 **工匠知识小课堂**

匠心传承精神的培养与实践

1.培养传统技能：工匠精神最基本的一点是熟练掌握传统技能，因此应该继续传承和培养传统技艺。

2.传承学徒制度：工匠精神的传承也应该借鉴古时候的学徒制度，将传承者带入实际环境中，通过实践和磨炼来掌握技能和精神。

3.注重品质和细节：工匠精神最大的特点是注重品质和细节，要让传承者明白，无论做什么，都要注重品质和细节。

习近平指出：劳模精神、劳动精神、工匠精神是以爱国主义为核心的民族精神和以改革创新为核心的时代精神的生动体现，是鼓舞全党全国各族人民风雨无阻、勇敢前进的强大精神动力。

1.孩子长身体时跟不上营养，父母会在吃上多注意，为孩子补充各种营养。那如果动物缺乏营养，它们又该怎么办？

2.酶维宝是如何研发出来的？它的出现有什么意义？

3.吴强三是如何做到让鸡蛋长得好，鸡不掉毛的？

_____

_____

_____

_____

_____

_____

第四节　中医加持，圆梦世界

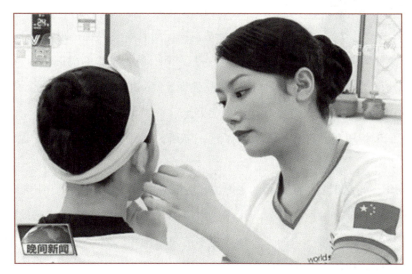

---------------- 王　珮

人物简介

王珮，女，汉族，1999 年 3 月生，共青团员，现为重庆城市管理职业学院实训教师。

人物故事

2022 年 10 月 24 日晚，重庆城市管理职业学院教师王珮以总成绩第一力压法国、意大利、韩国等 18 个国家和地区的选手，勇夺 2022 年世界技能大赛特别赛美容项目金牌，也为我国夺得该项目在世赛上的"首金"。

王珮人物故事

这枚"美美的"金牌为重庆选手的"世赛行"画上圆满句号，也代表着我国美容项目三征世赛"逆风翻盘"，让具有中国特色的美容技能惊艳世界舞台。在4年的备赛时间里，王珮跟着美术老师打牢色彩、线条的基本功，提升审美嗅觉；跟着芭蕾和形体老师提升形象气质；还跟着太极拳老师学习一招一式，练习动作的柔韧协调……

原本瘦弱的王珮，为了增强体能应对高强度比赛，拼命增肌增肥，长胖了20余斤，练习过的甲片、假睫毛等美容道具至少上万个。曾经因为手的稳定性不好，王珮画的眼线总是歪歪扭扭，现在不仅克服了这一障碍，即使出现手抖的情况也能把眼线画直。

2019年，还是第二梯队选手的王珮，作为观众参加了第45届世界技能大赛，亲眼见证了中国选手夺冠后的场景，直呼"太震撼了"，一幅幅热血沸腾的画面深深刻印在她脑海里，为接下来的训练注入更多能量。两年时间，王珮全面发力，赢得了全国行业职业技能竞赛第三届全国美容美发行业职业技能竞赛、中华人民共和国第一届职业技能大赛美容项目2块重量级金牌，如愿拿到了第46届世界技能大赛参赛资格。

随着比赛临近，未知的挑战和突发情况也随之而来。2022年9月16日晚上9点，组委会公布了原本不属于美容项目范畴的运动按摩，这让王珮与团队措手不及。眼看仅有25天就要比赛，还有真空吸杯按摩、微电流除皱两项新增项目，需要花时间编排动作和练习，还有40余项世赛产品需要熟悉功效、练习使用，细微到如何根据不同的温度、湿度，甚至模特心情选择不同的美容产品。

时间紧、任务重，唯有负重前行、迎难而上。面对没有接触过的运动按摩，团队请来重庆医科大学中医药学院专家、北京中医药大学专家支招，帮助王珮在原本的按摩技术基础上，创新出一套基于中医理论的按摩手法，还有从来没有当过模特的总教练王芃主动请缨，用亲身感受指导王珮练习。从最开始面对运动按摩的迷茫，到学习中医按摩的精髓并与之结合，渐入佳境的王珮变得游刃有余，在赛场上的发挥更是做到极致，她能够精确到根据模特的呼吸频率一点一点调节手法和力度，节奏与韵律都恰到好处。

具有中国特色的技法，行云流水、充满情感的演绎感动了现场观众和裁判。克罗地亚的裁判情不自禁地称赞她："太棒了，你在享受比赛！"2016 年以来，重庆选手已经连续两届代表中国参加世界技能大赛美容项目，均获得银牌。如今，夺金的"接力棒"传到王珮手上，面对冲击美容项目首金的期待，团队根据以往经验开始调整战术，变一个人参赛为一个团队参赛。

由于 7 个比赛项目交叉进行，同一时间不同选手的比赛项目不同，这时团队教练就充当王珮的"眼"和"手"，细致观察其他项目的比赛情况，详细记录别国选手的失误点、闪光点，把这些都作为王珮成功路上的"垫脚石"，每天帮她复盘下一个项目的注意事项，迈好夺金的"关键一步"。除了备赛训练的积累、团队专家的加持外，赛场上的临场应变也考验王珮的综合实力。

在一个美体比赛模块中，由于模特的身形较胖，材料包中仅有的一小卷纱布辅料完全不够用。都说"巧妇难为无米之炊"，在"米"不够的情况下，王珮开始寻找替代品，目光扫到操作台上的一次性床单，突然灵机一动仿佛抓到"救命稻草"，她剪下床单替代纱布，在规定的时间内圆满完成比赛内容，做到了零失误。4 天紧张的比赛终于结束。然而，期待成绩的心情更加紧张，团队专家向裁判长询问比赛情况，得到的回复是"要准备好接受一切结果"。短短一句话，王珮像做阅读理解一品再品，仔细猜测话外之音。"糟了，难道金牌落空了？"心情开始像过山车一样起伏。

2022 年 10 月 24 日下午，教练突然走进王珮房间，一见面就抱着她哇哇大哭，"教练你怎么哭了，完了，金牌真的没了……"王珮瞬间像丢了魂一样失落，眼泪夺眶而出。"不是，你是冠军！"教练的一句话立马让她转悲为喜，王珮高兴到难以置信，她哭得更大声了，不负自己、不负团队、不负祖国夺得美容项目首金，她做到了！

王珮身披国旗，第一时间给爸爸报喜，视频那端的爸爸激动得泪水模糊："还好，当初没有逼着你去学不喜欢的专业，不然就抹杀了一个世界冠军。"王珮坦言，世赛金牌是新的起点，接下来她将专注于世赛成果转化和推广工作，将专业技能、比赛经验及世界技能大赛的标准等传递给更多参赛选手、学生和同行。

> 王珮："坚持自己正在做的事情，做到极致，做到顶尖，你照样可以发光发亮，甚至为国争光。"

| 案例评价 |

身披五星红旗，眉目如画，笑若桃李……2022 年 10 月 24 日，芬兰首都赫尔辛基，在 2022 年世界技能大赛特别赛芬兰赛区颁奖仪式上，23 岁的重庆妹子王珮站上世界冠军的领奖台。王珮，中国世赛选手、重庆城市管理职业学院教师。这次她在被誉为"世界技能奥林匹克"的赛场上获得金牌，是中国参加世界技能大赛美容项目以来的首金。这枚金牌打破了该项目长期被欧洲选手垄断的局面。

"我认为，追求极致既是一种态度，更是一种精神。美容就是要用这种精神，去创造极致的美。而所有的极致，是'因人制宜'的，是专属的，是能让美的能量，在人体里流动起来，让感受它的人焕然一新。在力量喷涌而出的一刻，体会到自己蓬勃的生命力。而不是那些千人一面的'流程式'手法。"王珮说，只有做到这一点，才能被称为"匠"。这就是王珮在学校接受系统性学习后，一路迈向技能塔尖的体会，也是她的"美容哲学"。事实上，在培养像王珮一样"技能明星"的背后，是重庆市技能人才培养体系日新月异的完善，是高技能人才培养平台不断壮大的支撑，是一所所职业院校在铸"匠"路上砥砺奋进。实践证明，通过 3 年系统的学习，王珮在理论基础、知识结构、全球视野等方面得到质的飞跃。她带着东方女子对美的理解，让世界看到了中国造美的"匠"心。

王珮："中医推拿的按摩手法，可以说是在关键时刻为我夺冠加持。我真的是体会到了，越是民族的越是世界的。觉得接下来的学习应该更深入地去了解中华的传统文化，让我们老祖宗留下来的宝贝为我们今后备赛、训练，能够提供更多的思路和方法。"

|人物引领|

　　2022 年 10 月 15 日，在瑞士巴塞尔，历时 4 天，近 22 小时，来自江西环境工程职业学院的李德鑫终于站上世界冠军领奖台。

2022 年世界技能大赛特别赛精细木工项目冠军邵茹鹏（左）、
家具制作项目冠军李德鑫（中）、木工项目优胜奖获得者王纵横（右）

　　李德鑫在家具制作项目中夺得的金牌，也是我国自参加世界技能大赛以来，在家具制作项目获得的首金。为了这一刻的荣光，李德鑫付出了近 4 年的努力。

　　2018 年底，李德鑫开始接触世界技能大赛。2019 年，他入选校队开始进行系统备赛，此后经历省赛、行业赛、国赛、国家队 10 进 5 淘汰赛，"突出重围"的李德鑫得以代表国家出征。

　　备赛期间，他几乎每天 8 时就开始训练，除了吃饭时间和午休时间，一直到 21 时才结束训练。在特定的冲刺期，他还会加练。"家具制作需要保持手感，形成肌肉记忆，一天不练就会感到生疏。"李德鑫曾在电话里对记者说。跟机器、刀具打交道，起水泡、擦伤、割伤在所难免。高强度的训练让李德鑫的左手磨出了两排茧子，右手磨出了三排茧子。

　　此次家具制作比赛，要求所有选手各自制作一个同一样式的立式柜，主要模块包括柜体、腿架、门板、抽屉、贴皮等，选手还要完成打磨修整、五金安装等操作，尺寸公差均不能超过 0.5 毫米。比赛时，选手可以利用机械辅助加工，但抽屉的燕尾榫必须纯手工制作。选手要靠"手上功夫"让榫卯配合丝滑，没有阻尼感。

虽然经历了艰苦的训练，真正站上世界赛场，李德鑫还是感到紧张，手不自觉地发抖，"第一天状态并不好，进度明显落后了"。好在经过调整，第2天，李德鑫就渐入佳境，到了第3天，他感觉自己已经在享受比赛。

最终，李德鑫后来居上，在约140个评分点的综合评选中，以超高精度获得冠军。"敢于天马行空地想，更要脚踏实地地做，"李德鑫说，"很庆幸，自己赶上了技能人才的'黄金时代'。"

李德鑫的家乡在江西省赣州市南康县，这里素有"中国家具之乡"之称，他的身边有不少亲友从事家具行业。曾经，他的梦想就是学好技术，在家门口找到一份好工作。如今，这位"小木匠"有了更大的梦想，他打算留校任教，同时也继续读书深造，为世界第一家具制造大国培养更多"大国小匠"。

人物点评："小木匠"李德鑫的走红，正如他在采访中抛出的金句——"赶上了技能人才的'黄金时代'"。侃侃而谈的李德鑫，代表着新一代青年工匠的新形象——青春洋溢、性格阳光。他的荣耀和成长，也见证着技能人才社会地位的不断提升。成功不止一种模式，练好一技之长，同样能走上人生巅峰。

> 李德鑫："能在党的二十大召开前夕代表中国获得世界冠军，向党和国家献上自己的一份特殊贺礼，我感到无上光荣。"

工匠知识小课堂

匠心传承精神的培养与实践

1.注重生态环境：工匠精神传承应该注重生态环境，尽量采用环保材料，充分利用资源，保护环境。

2.培养独立思考能力：传承工匠精神需要培养独立思考的能力，让传承者能够发现问题并解决问题。

　　3.推广工匠文化：应该利用现代媒体手段宣传和推广工匠文化，让更多的人了解和认识工匠精神。

　　4.建立评价体系：建立评价体系，评判工匠精神的表现和成果，激励和鼓励年轻人继承工匠精神。

习近平："我们要实实在在地把职业教育搞好，要树立工匠精神，把第一线的大国工匠一批一批培养出来。"

互　动　吧　台

　　1.在一个美体比赛模块中，由于模特的身形较胖，材料包中仅有的一小卷纱布辅料不够用，王珮是如何处理的？

　　2.由于手的稳定性不好，画的眼线总是歪歪扭扭，王珮是如何克服这一障碍的？

　　3.王珮是如何从丝毫没接触过运动按摩到凭运动按摩参赛，并拿下世界大赛金牌的？

_____

_____

_____

_____

_____

第五章　匠在传承

　　周东红、陈子福、罗天锡和郭汉中四位工匠分别在宣纸制作、折扇制作、陶器制作和文物修复领域有着杰出的技艺和贡献。这些领域的发展情况及未来发展趋势如下。

　　周东红：宣纸制作技艺。周东红是中国传统宣纸制作技艺的代表性传承人之一，其技艺精湛，所制作的宣纸质量上乘，深受书画家的喜爱。随着中国文化的传承和发展，宣纸制作技艺这一古老的传统技艺得到了更广泛的关注和保护。未来，随着文创产业的兴起和数字化技术的普及，宣纸制作技艺将有更大的发展空间，其产品不仅将用于书画创作，还将应用于更多领域，如文化创意、艺术展览等。

　　陈子福：折扇制作技艺。陈子福是荣昌折扇的代表性传承人之一，其制作的折扇工艺精湛，深受消费者喜爱。随着传统文化的回归和消费者对个性化、高品质产品的需求增加，折扇制作技艺这一传统技艺得到更广泛的关注和应用。未来，折扇制作技艺将更加注重创新设计和品牌建设，其产品将更加融入现代生活，成为时尚和文化的象征。

　　罗天锡：陶器制作技艺。罗天锡是中国传统陶器制作技艺的代表性传承人之一，其所制作的陶器工艺精湛、品质优良。随着消费者对传统工艺的认知和喜爱程度的提高，以及文创产业的兴起，陶器制作技艺这一传统技艺也得到了更广泛的传承和应用。未来，陶器制作技艺将更加注重创新设计和实用性，其产品将更加融入现代生活，成为时尚和艺术的结合体。

　　郭汉中：文物修复技艺。郭汉中是文物修复领域的专家，其修复的文物数量众多、技艺精湛。随着文博产业的快速发展和消费者对文化遗产保护意识的提高，文物修复技艺这一传统技艺也得到更广泛的关注和应用。未来，文物修复技艺将更加注重科技应用和创新发展，通过数字化技术、新材料等手段提高修复效率和准确性，同时将更加注重文化遗产的保护和传承工作。

综上所述，周东红、陈子福、罗天锡和郭汉中四位工匠所在领域的发展情况及未来发展趋势都与传统工艺的传承和创新密切相关。在未来发展中，这些领域将更加注重创新设计和品牌建设，通过科技应用提高产品附加值和竞争力，满足消费者对个性化、高品质产品的需求。同时，政府和社会应该加大对传统工艺产业的支持和保护力度，鼓励企业加强技术创新和人才培养，推动传统工艺产业可持续发展。

第一节 捞纸大师，精益求精

------------------ 周东红

人物简介

　　周东红，男，1969年3月生，汉族，安徽安庆人，大学学历。1998年7月加入中国民主建国会。现任安徽中周集团董事长。民建省委副主委、企业家联谊会会长，安徽省政协委员，马鞍山市政协常委。

　　周东红是中国宣纸股份有限公司的一名捞纸工。30多年来，经周东红捞的近千万张纸每张重量误差不超过1克，始终保持成品率近100%的纪录，他加工的纸也成为韩美林、刘大为等著名画家及国家画院的"御用画纸"。2015年，周东红获得全国五一劳动奖章，现在他依然每天长时间下水捞纸。对于周东红来说，他捞每一张纸都融进了情感，也从中收获了快乐和成就感。他把捞纸当成一种责任，希望老祖宗留下的技艺能更好地传承下去。

| 人物故事 |

　　周东红现在是当地出了名的捞纸大师，每年经他手捞出的纸就超过 30 万张，没有一张不合格。现在周东红捞纸如行云流水，其实在他刚进厂的时候，差点放弃了这个行业。当时他和另外一个人起早摸黑干了一个月，竟然没完成任务，于是就打了退堂鼓。

　　但是周东红是一个很要面子的人。他一想，自己好不容易从一个农民变成了国有企业的技工，在亲戚朋友眼里也算是一个有出息的人，如果辞掉工作怎么有脸回去见人。从此以后，他静下心来拜师学艺，勤学苦练。

周东红人物故事

　　1985 年，周东红第一次接触捞纸，"先从抬帘开始练习。"周东红说，捞纸这个活看着容易，做起来难。通常需要两个人合作，一个人掌帘，另一个人抬帘。"掌帘为主，负责把握宣纸的厚薄；抬帘为辅，负责画单槽。"纸张的厚薄和均匀度，全在于捞纸工的手感。周东红捞纸并没有什么底子。"三个月时间了解捞纸的各个步骤，并开始练习，"周东红回忆说，"那时候也没觉得有啥难度，但真正出师至少需要三年时间。"可能是捞纸捞多了，从量变到质变时，周东红悟出了一个诀窍——"一帘水，靠身；二帘水，破心。"也就是说，一帘要靠着身体往水槽里进，二帘则是从护着心口的角度进入。"这样能保证纸张的厚薄在误差允许的范围内。"这仅仅是捞纸的一个细节。随着纸浆槽中纸浆的减少，捞纸的力度，手往水里伸的深度，都要把握好。一张纸从纸帘上剥离下来时，两张纸之间不能起泡。一滴水滴在纸张上面都会形成气泡，影响整张纸的质量。原则上说，每刀（100 张）之间重量相差一般不超过 50 克。而周东红对自己的要求是"每一个细节都要完美"。也正因如此，周东红的出纸率能达到 97%。当记者问及周东红为什么会从事捞纸这个行当时，他搓了搓手，笑着说："我们那时候家里姊妹多，就想着能早点出来为家里减轻点负担。不像现在的年轻人，工作说的都是激情啊、热爱啊什么的。"周东红悄悄告诉记者："说心里话，以前还真没想过要把捞纸做一辈子，好像每一次都是在被推着走。"后来，家庭条件渐渐好了，古法制作宣纸受到机械化的冲击，周东红所在的公司开始探索宣纸新品种，这对捞纸工有了更高的要求。比如，后来为满足人们收藏宣纸的需求，公司陆续出了纪念宣，这对捞纸的工艺有了更高的要求。一步步摸索，一次次进步，周东红现在敢拍着胸脯自豪地说："如果要做新品种的宣纸，公司没人能做，我肯定能做。"

　　每个刚入职场的人都会有一个摸索的阶段，晒纸工毛胜利也是如此，在宣纸厂里，人们都称他为"两把刷子"。一把软刷子，一把硬刷子，上下一挥，左右一抹，宣纸就服服帖帖地粘在墙上。待宣纸干到一定程度，揭开即可。

　　著名国画家李可染曾说，"没有好的宣纸，就作不出传世的好国画"。而一张宣纸从投料到成纸，需要 100 多道工序。而决定宣纸成败的就是捞纸这道工序，周东红就是一名捞纸工，国内不少著名的书画家都点名要他做的宣纸。所谓"捞纸"，就是两个人抬着纸帘在水槽中左右晃动，一张湿润的宣纸便有了雏形，整个过程不过十几秒。但是宣纸的好与坏、厚与薄、纹理和丝络就全在这一"捞"上。

　　周东红说，这叫"一帘水，靠身；二帘水，破心"。双手要摆到水面上，不要动，像绳子一样吊着，然后整个手抬起来 45°，抬得齐肩那么高。要从正中间下水，用双手舀水往前走大概 15 厘米深度。这上下一两，指的是做成的每刀宣纸的重量不能超过上下一两的误差，也就是说做成的每张宣纸的重量的误差不能超过 1克。周东红说："这三十年来，我捞的每一刀纸误差都不超过一两，这就是我的手艺。"

　　周东红和他的搭档每天要重复这样的捞纸动作 1 000 多次。周东红说，那时候每天早起一点，冬天把手伸到冰冷刺骨的水里，即便是长了冻疮也要下水捞纸，勤学苦练，就为了找到那种感觉。妻子张晓霞说他，"凌晨两点起床就去捞纸了，捞到下午五六点才下班"。

　　周东红说，最初从事捞纸行业，是为了生计，但是这么多年下来，他已经慢慢地爱上了这一张张宣纸。他现在考虑的是怎么样能把这门手艺给好好传下去。赵志刚，是周东红的徒弟，和他同一批拜周东红为师的有 10 个人，因为工作单调枯燥，还要起早摸黑，现在徒弟已经走了一半。

　　周东红说，宣纸是老祖宗留下的东西，已经有 1 500 多年了，一张宣纸从投料到成纸需要经历 300 多天，18 个环节，100 多道工序。但是，现在他和他身边做宣纸的人都已经是越来越老，愿意学这行的年轻人是越来越少了。

　　不忘初心，方得始终。捞了一辈子纸的周东红，几天前，刚刚获得了他人生中的第一个全国五一劳动奖章。虽然在造宣纸这个行当，周东红已经是响当当的人物，但是无论酷暑严寒，他依然坚持每天长时间下水捞纸，他说只有这样才能让手的感觉一直在。

　　周东红说，他不知道什么叫工匠精神，但他知道要做好一件事，就必须勤学苦练。也正是带着这个念头，30 多年来，经周东红捞的近千万张纸，没有一张不合格。不忘初心，方得始终，周东红在传统技艺上的精益求精和极致追求，让他不仅体会着劳动的快乐，也增添了传承人类非物质文化遗产的自豪感。

> 周东红："如果自己换一种工作，不一定能干到现在这个成绩。中国有句古话说'行行出状元'，我能坚持到现在，我心里不也是一种荣誉感吗？"

▎案例评价▎

　　何谓工匠精神？周东红摇摇头笑着说："'工匠'两个字对我来说其实还有点陌生，但我只知道始终如一的专注捞纸，精益求精。我每天忙碌的目的，也很单纯。只想让更多人了解这门已经存在了千年的传统工艺，让宣纸这一项人类非物质文化遗产薪火相传……"

他从事捞纸工作 30 年，兢兢业业、精益求精传承技术，默默地为宣纸的传承奉献着自己的光和热，他 2015 年被评为全国劳动模范，入选全国首批大国工匠，2016 年又荣获中国质量奖，成为安徽省内唯一获奖个人，2017 年 2 月，又被评为第一万名中国好人，他就是中国宣纸集团捞纸工周东红。

> 周东红：“一帘水，靠身；二帘水，护心。”

▌人物引领▐

　　毛胜利，安徽省宣城市中国宣纸股份有限公司晒纸工，宣纸非遗传承人。他从事宣纸制作 35 年，是全国五一劳动奖章获得者，获第四批“大国工匠”、敬业奉献“中国好人”等荣誉称号。

　　头刷、二刷、三刷……在中国宣纸股份有限公司的三丈三晒纸车间，一张润湿的三丈三宣纸如绸缎般展开，作为最关键的“头刷”，毛胜利站在 2 米多高的工作台上，一刷定位，行云流水，沉稳劲道。6 人通力合作，5 分钟后，一张 11 米 × 3.3 米的三丈三宣纸已稳稳晒在加热的钢板焙面，光洁如玉，踏雪无痕，刷子扫过之处没有一个气泡和褶皱。

　　焙面的温度始终在 70 ℃以上，一张巨幅宣纸刷下来，毛胜利额头已沁出汗水。“我们晒纸工人长年工作在 40 ℃以上的高温焙房里，尤其是夏天，焙房像蒸笼一样，还要保证技术动作的稳定，从早到晚汗往下掉，要不停地补水。”毛胜利说话也是不徐不疾，已经融入了这位大国工匠的气质中。烟雨笼泾川，山泉涤草檀。独特的地理条件，千年古艺传承，造就了质地绵韧、不蛀不腐的“千年寿纸”，宣纸是中国书法和绘画艺术的载体。晒纸工毛胜利工作的地方，就在宣纸文化园里面。一间焙房一把刷子，毛胜利在 35 年里从学徒工成长为大国工匠，把"纸上功夫"练到炉火纯青。经他手晒制的 600 多万张宣纸，成品率达 96% 以上。

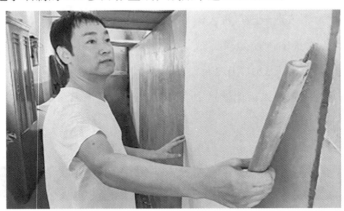

"晒大纸"，是毛胜利牵头攻克的难关。由于纸张尺寸的限制，过去的巨幅书画作品都是由几张宣纸拼接而成，2015 年，应书画家要求，中国宣纸股份有限公司决定攻关尺寸达 11 米 ×3.3 米的三丈三超级宣纸。三丈三，史无前例，没有古法可循，毛胜利此前成功晒制过两丈宣纸，但在探索三丈三宣纸晒制时，却经历了一次又一次失败。"那段时间，不断试，不断琢磨，就住在厂里不回家。常规刷法不适合巨幅宣纸，头刷要负责定位，不能有一点偏差。渐渐摸索出，每一刷力度都不一样，上面要重，中间要轻，否则就会起褶子。当我们终于做出了世界上最大尺寸的宣纸时，心里感到很自豪。"毛胜利回忆说。

"晒薄纸"，也是毛胜利的得意之笔。上海博物馆为了修复宋代古画，需要一种古法制作的名为"奇绣"的极品宣纸，"薄如蝉翼洁如雪，抖似细绸不闻声"，厚度只有普通纸的一半。这么轻薄，牵纸时不能用手搓，只能用手指点。就这个"点"的动作，毛胜利苦练一星期，手指头都肿起来了。"那个纸非常非常薄，刷子从纸上面拂过，就像拂过云彩。近千年前造纸工匠们的精湛技艺真是让人叫绝，我也特别自豪，'奇绣'这一宣纸极品如今在我们手中复活了！"毛胜利说。

2006 年，宣纸制作技艺被列入首批国家级非物质文化遗产代表性项目名录。宣纸制作 108 道工序，80% 仍是手工操作。坚守宣纸的古法制作，是毛胜利的执着："宣纸是国宝，是世界上独一无二的，机械造的纸无法替代手工宣纸。我对宣纸是真的有感情，最初学徒时，只是想着能为书画家们造出更好的宣纸，后来入了党，思想境界提高了，领悟到我们的工作也是保护传统文化的一部分，就觉得自己的工作很有意义。"每月工作出勤率100%、每月平均完成工作任务180%以上，毛胜利从晒纸学徒工成长为晒纸大师，背后是夜以继日的付出。作为共产党员，他自觉起到模范带头作用，把手艺毫无保留传授给年轻人。他告诉徒弟，自己忙了大半辈子，其实只做了一件事：晒好每一张宣纸，把它做到极致。"当选党的二十大代表，是荣誉，更是沉甸甸的责任。作为一名基层党代表，我将把基层群众的呼声和建议带到大会上。我将踏实工作，继续弘扬工匠精神、劳模精神，同时起到榜样作用，晒好每一张宣纸，为中国文化事业做出自己的贡献。"毛胜利说出了自己的心声。

> 毛胜利："晒好每一张宣纸，把它做到极致。"

工匠知识小课堂

工匠精神及其当代意义

党的十八大以来，习近平总书记关于弘扬劳模精神和工匠精神的一系列重要论述，为我们进一步深化对工匠精神的认识提供了根本遵循。深刻认识工匠及工匠精神的重要理论与实践意义，对于大力弘扬工匠精神，建设一支重知识、善技能、创新型的产业大军，具有重大意义。

工匠的出现几乎与人类的历史一样久远。习近平总书记说："人类是劳动创造的，社会是劳动创造的。"劳动创造人类，恩格斯指出，"真正的劳动……是从制造工具开始的"。制造工具最初是将自然之物通过人类的加工使其成为能够打猎或捕鱼的工具，将自然的石块、动物骨头等加工成工具，就是最初的手工艺，这使得前人迈出了人猿相揖别的关键一步。因而手工艺劳动在起源意义上就是创造人类的劳动。手工艺劳动在起源意义上与人类的出现有内在关联，同时其持续地创造着人类的生活。手工艺劳动不仅创造物质财富，而且创造美的享受。手工艺劳动从创造人类生活不可或缺的工具发展到满足人类对美的需求，从磨制石器到制作玉器，大大丰富了人类的生活。如陶工制作的陶器，从简单粗陋到不断精致化，使得陶器不仅具有实用价值，也具有美的欣赏价值。

千百年来技艺工匠的劳动实践及其生产的物质文明成果遍布人类生活以及审美的各个方面，同时在精神文明层面形成了以工匠精神为核心的工匠文化。工匠精神有着十分丰富的内涵。

工匠精神是一种劳动精神。人民创造历史从根本上看是劳动创造历史。人类在改造自然的伟大斗争中，不断认识自然的客观规律，通过在劳动实践中不断积累实践经验与技能，从而推动历史进步和创造更为丰富的社会财富。中国梦的实现，人民群众美好生活需要的满足，都需要广大劳动人民的劳动创造。正如习近平总书记所说："用辛勤劳动创造中国人民的美好生活、创造中华民族的美好未来。"人民在创造历史的同时，也在创造自我。通过劳动实现自我价值或人生价值是工匠精神的本质内涵。劳动是人类赖以生存的根本，同时也为个人提供了实现人生价值的舞台和空间。习近平总书记指出："劳动是财富的源泉，也是幸福的源泉。人世间的美好梦想，只有通过诚实劳动才能实现；发展中的各种难题，只有通过诚实劳动才能破解；生命里的一切辉煌，只有通过诚实劳动才能铸就。"一个人只有通过诚实劳动，才可为社会创造物质财富与精神财富，才可得到他人和社会的认可与褒奖。与此同时，实现自我人生价值目标而产生的幸福感和愉悦感，会进一步激发劳动者的创造激情，从而为社会和他人创造更为丰富的财富。习近平总书记指出："一切劳动者，只要肯学肯干肯钻研，练就一身真本领，掌握一手好技术，就能立足岗位成长成才，就都能在劳动中发现广阔的天地，在劳动中体现价值、展现风采、感受快乐。"工匠精神首先就是热爱劳动、专注劳动、以劳动为荣的精神。在劳动中体验和升华人生意义与价值，是工匠精神的题中应有之义。

工匠精神是对职业劳动的奉献精神。几千年来从事技艺劳动的各种工匠的社会地位并不高，然而，工匠以业维生，并以技艺为立身之本，无私地奉献自己的全部心血，提高和完善自己的技艺，创造了灿烂的工匠文化。工匠精神就是干一行爱一行，在干中增长技艺与才能。发扬工匠精神，就要提高我们的爱岗敬业精神，正如习近平总书记所说："劳动没有高低贵贱之分，任何一份职业都很光荣。"劳动最崇高，劳动最光荣，在平凡的岗位干出不平凡的业绩，就是工匠精神的体现。无论是三峡大坝、高铁动车，还是航天飞船，都凝结着现代工匠的心血和智慧。

工匠精神是一丝不苟、精益求精的精神。注重细节、追求完美是工匠精神的关键要素。几千年来，我国古代工匠制造了无数精美的工艺美术品，如历代精美陶瓷以及玉器。这些精美的工艺品是古代工匠智慧的结晶，同时也是中国工匠对细节完美追求的体现。现代机械工业尤其是智能工业对细节和精度有着十分严格的要求，细节和精度决定成败。对细节与精确度的把握，是长期工艺实践和训练的结果，通过训练培养成为习惯气质、成为品格，就能随心所欲不逾矩。"功夫"一词，不仅指的是武功，而且指的是各种工匠所应具有的习惯性能力。功夫是长期苦练得来的。不下一定的苦功，不可能出细活。工匠从细处见大，在细节上没有终点。2015 年，中央电视台播出《大国工匠》纪录片，讲述了 24 位大国工匠的动人故事。这些大国工匠令人感动的地方之一，就是他们对精度的要求。例如：彭祥华，能够把装填爆破药量的传送控制在远远小于规定的最小误差之内；高凤林，我国火箭发动机焊接第一人，能把焊接误差控制在 0.16 毫米之内，并且将焊接停留时间从 0.1 秒缩短到 0.01 秒；胡双钱，中国大飞机项目的技师，仅凭他的双手和传统铁钻床就可生产出高精度的零部件；等等。无数动人的故事告诉人们，我国作为制造大国，弘扬工匠精神、培育大国工匠是提升我国制造品质与水平的重要环节。

工匠精神的核心要素是创新精神。习近平总书记指出："创新是一个民族进步的灵魂，是一个国家兴旺发达的不竭动力。"一个民族的创新离不开技艺的创新。在现代工业条件下，对工匠技艺的要求已经不仅仅是像传统工匠那样，只是从师傅那里学得技艺从而能够保持和发扬祖传工艺技法。实际上，传统工艺也是在传承与创新中得到发展的，我们要将传承与创新统一起来，在传承的前提下追求创新。现代机械制造尤其是现代智能制造，对技艺提出了越来越高的难度和精度要求，不仅要有娴熟的技能，而且要求技术创新。每个产品的开发，每项技术的革新，每道工艺的更新，都需要有工匠的创新技艺参与其中。《大国工匠》纪录片中的那些卓越工匠，不仅具有高超的技艺，而且具有强烈的创新意识和创新能力。高凤林在他所参与攻关的多项重大项目中，不断改进工艺措施，不断创造新工艺，不断攻克一个个难关，从而达到世界第一的水准。创新能力，不是对以往工艺墨守成规，而是对现有的生产技艺的大胆革新，给行业技艺带来突破性贡献，促进生产技艺水平提升，推动社会经济发展。

中国哲学对工匠精神有着深刻的认知：道技合一或"匠工蕴道"。在《庄子》的多篇文章中，表达了对工匠精神的本质看法。《庄子》以庖丁解牛、匠石运斧、老汉粘蝉等生动事例告诉人们，古代匠人的技艺能够达到鬼斧神工的至高境界，即所谓"臣之所好者，道也，进乎技矣"。庖丁以19年解牛数千之功力，技法能够以神遇而不以目视，达到"官知止而神欲行，依乎天理"的境地，足以见得，古代工匠精神既是实践的积淀，又是内心对道的追求的展现。"道"是中国哲学的最高概念，其意蕴着天地与人间社会的规律或准则（天道、人道等）。在道家看来，道既是思维所能把握的最高概念，也是万物存在之理。万物的本性都是道的体现，匠工蕴道，这个道，是技艺之道，同时也是得天理之道。庄子以庖丁娴熟技艺、游刃有余的技艺来表明，庖丁对劳动对象的自然机理纯熟于心，并化为精神生命之道。而在庖丁的精神境界里，则深蕴着对道的追求和把握，同时也将这种追求和把握与技艺的完善结合在一起，从而达到鬼斧神工的境界。当代大国工匠高凤林、张冬伟、顾秋亮等的技艺达到臻于完美的境界，都是通过刻苦训练和反复实践，从而达到对其劳动对象的自然机理之道的深刻把握。

从根本上说，工匠精神是一种伦理德行精神。就德行论层面而言，人的一切行为发自内在品格。对完美的追求，精益求精以及持之以恒的探索创新，是内在德行的展现。从道德的观点看，每个人都应当追求德行，过一种有德行的生活。德行论认为，在人们的现实生活中，我们可以找到德行行为者作为我们行为的典范。那么，什么样的人可以充当这样一种典范？在古希腊，苏格拉底的回答是，工匠，并且只有像铁匠、铜匠甚至修鞋匠那样具有手工艺的人才真正具有德行。道技合一是德行品格的见证。在苏格拉底看来，工艺制作是指向善的活动，一个人熟练地掌握了他所从事的技艺，也就能够把这类事情做好，从而成为一个有德行的人。因而，做一个有德行的人，也就是像匠人那样生活和工作。具备工匠精神的大国工匠坚守质量品质，一生打造精品，把产品的好坏看成自己人格和荣誉的象征，他们就是这样具有优美德行、始终追求卓越的人。习近平总书记说："劳动模范是劳动群众的杰出代表，是最美的劳动者。劳动模范身上体现的'爱岗敬业、争创一流，艰苦奋斗、勇于创新，淡泊名利、甘于奉献'的劳模精神，是伟大时代精神的生动体现。"我们要以大国工匠和劳动模范为榜样，做一个品德高尚而追求卓越的人，积极投身于中华民族伟大复兴的宏伟事业中。

习近平："我国经济要靠实体经济作支撑，这就需要大量专业技术人才，需要大批大国工匠。"

1. 周东红悟出了一个诀窍——"一帘水，靠身；二帘水，破心"，具体指什么？

2. 冬天把手伸到冰冷刺骨的水里，即便是长了冻疮也要下水捞纸。你认为工作做到这样值得吗，为什么？

3. 周东红在传统技艺上精益求精和追求极致，那么我们对待工作或者学习时应该有怎样的态度和行动呢？

第二节 昌州折扇，包罗万象

------------------ 陈子福

人物简介

　　陈子福，男，1948年12月生，重庆荣昌人，从事折扇制作，国家级非物质文化遗产代表性项目制扇技艺（荣昌折扇）代表性传承人。他主要精于传统折扇和艺术扇的制作，擅长扇骨雕刻、扇骨烫花、扇骨造型、穿叶扇面及扇面绘画。由他研发的夏布折扇和夏布折扇绘画，填补了中国折扇制作中的一项历史空白；由他创作的以中华人民共和国成立五十周年为主题的系列套扇，规模大、工艺高和纪念性强，至今尚属孤品；2002年，竹匣夏布折扇获首届中国旅游纪念品设计大赛金奖；2008年，获第九届中国工艺美术大师精品暨国际艺术精品博览会优秀奖等。

人物故事

陈子福人物故事

国家级非物质文化遗产传人陈子福的家，位于荣昌区城一栋普通的居民楼里。当记者赶到陈子福家中时，他正在为杭州的中国扇艺博物馆将要收藏的两套夏布工艺扇构思创作方案。"几年前他们就收藏了我的7把折扇，有布面、绸面和全棕的。这次又要收藏8把，全是夏布的。"夏布折扇与挂扇均为陈子福首创。

14 岁进折扇厂当学徒

陈子福出生于折扇世家，14 岁正式进折扇厂做学徒。与一般制扇学徒不同的是，自幼喜欢画画的陈子福，从小就得到了当地画坛名宿肖拭尘先生的指导与熏陶。"肖老师是国画大师吴昌硕、王一亭和潘天寿的弟子，还曾在刘海粟先生创办的上海新华艺术大学就读，和张书祺、蒋兆和、钟道全都是同学。20 世纪 50 年代，肖老师定居荣昌，就住在我家隔壁。我七八岁就在他的指点下学画画。肖老师的晚年基本靠画扇面为生，对我的影响特别大。"本来，陈子福对制扇与画扇都有浓厚的兴趣，但组织上在几年后安排他从事行政工作，一干就是 30 年，直到 1996

年重操旧业。

"其实当时把做扇子的手艺捡起来，完全是迫于生计。孩子读大学要用钱，当时企业的效益也不好。我就想到做扇子来挣钱。"

恢复了全棕折扇工艺

要靠做扇子挣钱，谈何容易。虽然荣昌折扇与苏州、杭州的折扇并称中国三大折扇，但一直走的是物美价廉的群众路线。有资料显示，就在陈子福重操旧业的 20世纪 90 年代，一把经过 100 多个工序生产出来的普通荣昌折扇，批发价在一块钱左右，利润最多只有一角。

面对这样的现状，陈子福决定不走寻常路。首先，他利用自己多年练就的书画功底，将一把把普通的荣昌折扇变为具有文化含量的书画扇；同时，他与当地的老艺人一起，经过反复实践，恢复了濒临失传的全棕折扇工艺。这种以棕竹为扇骨，黑绸为扇面的折扇，因材质稀少、工艺精湛而成为荣昌折扇中的精品。特别是经过金粉描绘的山水或书法全棕黑绸折扇，更是身价倍增，一把 30 厘米的全棕绸面书画扇，售价都在 2 000 元以上。

首创用夏布制作扇面

2008 年，荣昌折扇进入了第二批国家级非物质文化遗产名录（2009 年，陈子福被授予荣昌折扇传统技艺的国家级"非遗"传人）。同时进入国家级"非遗"名录的，还有比折扇历史更为悠久的荣昌夏布织造工艺。早在 20 世纪 90 年代末，陈子福就尝试将两项古老的工艺结合在一起，用古老的夏布代替传统折扇使用的丝绸扇面，而这个看起来简单的事，真正做起来却困难不少——由于夏布比丝绸厚重，麻质纤维的柔软度和可塑性远不如丝绸，要做成一把收折自如、开合顺畅的折扇谈何容易。好在陈子福对折扇全套制作工艺了如指掌，他根据夏布的特殊性，选择韧性好、硬度强的材料做扇骨，并适当调整扇骨的造型与间隙，以适应夏布折扇的特殊要求。经过半年多的反复试验，两项国家级"非遗"工艺珠联璧合的荣昌夏布折扇在他的手中诞生了。

夏布折扇做出来了，接下来就是如何在扇面上作画。陈子福告诉记者，虽然在夏布上作画有一定的局限性，但夏布特殊的质感与色调，也令画面古意盎然。竹匣夏布折扇获银奖恢复了全棕折扇的传统工艺，研制出夏布折扇的创新成果，陈子福又在扇骨的装饰与扇匣的包装上大做文章。传统扇骨装饰的彩绘、阴刻、阳刻、镂雕、镶嵌都为他所用，经过反复试验而成型的烤花工艺，在重庆地区普通的竹质扇骨上呈现出湘妃竹般的肌理效果，使之雅趣倍增。传统的成扇包装大多以纸、锦、木盒为主，陈子福却另辟蹊径，用巴渝地区最常见的楠竹为原料，取其自然造型，将竹节一分为二，再加工扣合为匣，并利用彩绘、雕刻等工艺，将书法、绘画展现其上，既美观实用，又强化了包装的地方特色，还具有独特的艺术功能：小的，可以平铺做臂搁（也称手枕、腕枕，用毛笔书写时用于搁置腕臂的工具）；大的展开，陈设于挂扇的两边，或为对联，或为配饰，十分雅致。

2002 年，陈子福创作的竹匣夏布折扇获首届中国旅游纪念品设计大赛银奖。2005 年陈子福被评为重庆市（省级）工艺美术大师，不但作品多次在全国获奖，从 2008 年和 2010 年带的两个徒弟也成绩不俗。"这是我最宽心的事情，荣昌折扇后继有人了。"

案例评价

陈子福利用自己多年练就的书画功底，将一把把普通的荣昌折扇变为具有文化含量的书画扇；同时，他与当地的老艺人一起，经过反复实践，恢复了濒临失传的全棕折扇工艺。这种以棕竹为扇骨、黑绸为扇面的折扇，因材质稀少、工艺精湛而成为荣昌折扇中的精品。特别是经过金粉描绘的山水或书法全棕黑绸成扇，更是身价倍增，一把 30 厘米的全棕绸面书画扇，售价都在 2 000 元以上。

陈子福："我不是为了钱，而是为了传承这门手艺，让更多人了解和喜欢夏布折扇。"

▎人物引领▎

　　荣昌折扇，经历代艺人刻苦钻研、精工创制，逐步发展成为具有独特风格的民间传统工艺品，与江苏苏州的绢绸扇、浙江杭州的书画扇共誉为"中国三大名扇"。

　　如今，荣昌折扇制作技艺被国务院批准列入国家级非物质文化遗产名录。不过，通晓荣昌折扇所有传统制作技艺的传承人已是凤毛麟角。李开军，便是精通、传承这一技艺的少数人之一。在今年荣昌区第二届"棠城十大工匠"评选中，李开军入选。

遵循"老技艺"的制扇人

　　"这一工序俗称'削纸口'。不要看这刀精小，可不是人人都会使，很考究力道、耐力和经验，力道小了扇骨偏厚，力道大了扇骨偏薄，力度不均又会使扇骨厚薄不均。"在莲花路34号的阳光扇艺店里，重庆市工艺美术大师、荣昌折扇重庆市市级代表性传承人李开军正聚精会神精雕细琢每一根扇骨："若没了这道工序，做出的折扇就没了荣昌折扇的韵味。"

由于父母在折扇厂上班，李开军自小便耳濡目染学习制扇，不到 20 岁就熟练掌握了制作荣昌折扇的 16 个工段、140 多个操作工序。李开军说，正是这些一代代制扇人累积的制扇精髓，让荣昌折扇拥有了独特魅力：扇骨数量多且细密、扇面轻薄柔软、扇面展开幅度大，声名鹊起，并跻身"中国三大名扇"之列。

"制扇不难，但要制作出质地精良的荣昌折扇，就必须坚持传统'老技艺'。"李开军说。尽管省掉一些工序也能制出一把折扇，但制扇 24 年，他始终坚持纯手工制作折扇，并且每个该有的工序，一个也不落下，尽量保持传统荣昌折扇的"原汁原味"。

坚持终有收获。2014 年，李开军手工制作的 10 寸方根 24 方水磨折扇等 3 件荣昌折扇作品，被杭州工艺美术博物馆中国刀剪剑、伞、扇博物馆"相中"，收藏于馆中。

博采众长革新技艺

近年来，受市场需求、机械化流水线生产等因素影响，手工折扇的价值更多体现在收藏性和艺术性。如何使荣昌折扇更具艺术收藏价值？李开军结合 20 多年的制扇经验，对部分技艺进行了改进和创新。

2008 年，李开军专门拜师学习，尝试用同为国家级非物质文化遗产的夏布做扇面，并在夏布扇面上作画，将夏布折扇定位在精益求精的工艺品上；自掏腰包多次前往苏杭，习各家制扇之所长。2015 年，他利用所学在荣昌折扇的扇骨上做文章，用牛骨镶嵌、雕刻、烤花、下部镶嵌、光边、竹节 6 种工艺制成一套折扇工艺品。这套工艺品获得了第四届重庆市工艺美术大师评选委员会及重庆工艺美术行业协会的一致认可，李开军实至名归成为重庆市工艺美术大师。

如今，李开军经营的阳光扇艺店里陈列着夏布折扇、"迷你"扇、孔雀羽毛折扇、全棕折扇等，无不体现着李开军这些年在扇骨、扇面上的工艺创新。

"制作技艺革新只为添彩，还得坚持以传统荣昌折扇制作技艺为'基'，做出的折扇才能'扇'出'棠香'。"李开军说。正是坚持这种精神，2013 年，李开军花费 200 多道工序，在坚持荣昌折扇制作技艺基础上精心制成的"全棕丝绸书法折扇"，摘得了第六届中国（重庆）工艺品、礼品及居家饰品博览会银奖。

努力培养传承人

2018 年，首届中国国际智能产业博览会在重庆举行，李开军制作的荣昌折扇从众多推荐的礼品中脱颖而出，被作为"市礼"送给前来参会的国内外嘉宾。荣昌折扇能成为"有面儿、有品位、有档次"的礼物馈赠给国内外宾朋，时常被各种文化展览活动邀约参展，说明其艺术、收藏价值已被认可。这值得庆幸，却面临技艺的传承之困。

"制扇是个辛苦活儿，每项技艺都不是一朝一夕就能学会的。"李开军介绍，他曾经学习削扇架、扇头和扇坯时，每天使用几小时蛮力下来，肩和手疼得直打颤，甚至手抖到筷子也拿不稳，直到一个多月后他才找到了方法，会使用巧劲儿后这种情况才得以改善。"能坚持下来的人，都是发自内心的喜爱和珍惜这份技艺，才会耐住性子学习、练习，所以目前主动要求学习制扇的人并不多，能坚持下来的人更是少之又少。"

李开军认为，要吸引制扇爱好者，必须让其看到制扇的前景，对制扇技艺拥有浓厚的兴趣。因此，他一方面借助各种文化、旅游展览会或非遗体验活动等推介荣昌折扇，进一步提升其美誉度和知晓度，另一方面在传承技艺上下功夫，先后到四川美术学院、重庆文化职业艺术学院、峰高中心小学等院校带班，开展教学活动，专门教授学生荣昌折扇传统制扇技艺。

> 李开军："希望未来能有更多愿意潜心学习制扇的人，让这种古老的技艺能够一代一代传承发扬下去。"

工匠知识小课堂

工匠精神对于个人发展的意义

工匠精神对于个人发展具有非常重要的意义。

首先，工匠精神可以提高个人的职业竞争力。在当今竞争激烈的社会中，具备工匠精神的人才能在工作中脱颖而出，获得更多的职业发展和提升机会。工匠精神意味着高超的技能、严谨的态度、精细的分工、精益求精的精神，这些品质可以大大提高个人的职业素质和水平，使自己在职业竞争中更具优势。

其次，工匠精神可以促进个人职业发展。具备工匠精神的人在工作中更容易获得领导的认可和信任，获得更多的工作机会和任务，从而加速个人职业发展。同时，工匠精神也可以激发个人的创新精神，不断探索和尝试，不断突破自己的技能极限，实现个人职业的持续发展。

最后，工匠精神可以提升个人的人生价值。在工作中，具备工匠精神的人总是追求完美和卓越，不断挑战自己、不断超越自己，从而实现自己的人生价值和梦想。同时，工匠精神也可以带来个人心理上的满足和自信，从而提升个人的生活质量和幸福感。

总之，工匠精神对个人发展具有非常重要的意义，可以提高个人的职业竞争力，促进个人职业发展，提升个人的人生价值。

习近平："要加强非物质文化遗产保护和传承，积极培养传承人，让非物质文化遗产绽放出更加迷人的光彩；要扎实做好非物质文化遗产的系统性保护，更好满足人民日益增长的精神文化需求，推进文化自信自强。"

1. 陈子福的学艺经历及技艺提升给你什么启示？

2. 荣昌折扇的艺术价值和社会意义是什么？

3. 利用课余时间查找资料，了解我们身边有哪些非物质文化遗产。

第三节　渝西名陶，流传百年

------------------ 罗天锡

人物简介

　　罗天锡，男，汉族，1948 年出生于重庆市荣昌区，是荣昌区第十四届、第十五届政协委员，国家非物质文化遗产"荣昌陶器"国家级代表性传承人之一，首届棠城工匠。2017 年 12 月 28 日，罗天锡入选第五批国家级非物质文化遗产项目陶器烧制技艺（荣昌陶器制作技艺）代表性传承人，其擅长"纯手工成型法"（不用拉坯，也不用内外模具的手工成型法），掌握了将少量单色釉调配成多种色彩的装饰技法和实用釉色配方，擅长造型设计和制作，作品构思新颖，造型简练生动，装饰方法独到。先后培养制陶人才数百名，多次参加国内外展览并获奖。作品曾获轻工部旅游博览会金龙奖、外贸部出口产品优胜奖、重庆市政府新产品开发百花奖。担任过两届重庆市陶瓷技能大赛主评委，先后完成省市以上项目 30 余个，110 件次以上作品获省市以上奖励，多次在《人民日报》《人民画报》等国家级刊物上发表作品，部分作品被博物馆收藏。先后有 80 余件次作品到英国、美国、法国、日本等 20 多个国家和地区参加我国对外文化交流展出，我国轻工业部曾多次下专文征集本人作品作为外展品和国礼品，为我国同世界各国的文化交流做出贡献。罗老称自己"天生就是做陶的料"。"与'土'结缘的这 50 多年里，谈不上有多大贡献，总算实现了我的理想。"罗天锡半辈子都在致力于将土变成陶，再让陶受世人瞩目。

｜人物故事｜

罗天锡人物故事

1948 年，罗天锡出生于一个艺术世家，祖辈都是以摄影谋生，不知是耳濡目染，还是骨子里就流淌着满满的艺术细胞，罗天锡自 17 岁中学毕业后，就被招到当时鼎鼎有名的安富陶器厂当注浆工。从那时起，他便迷上了陶器的设计与制作。每天除了完成自己的本职工作，他还争取给制陶师傅做帮手，从中学习，平时捡些废泥料，照着猫、狗的样子捏。这样一干就是好几年，他的一颗诚心终于感动了制陶师傅，慢慢开始教他一些制陶手艺。他的天赋第一次得到赏识，还得益于四川美术学院罗明遥教授。这时，宜兴陶、建水陶、钦州陶均得到了很好的发展，名号在国内外都已经响当当。罗天锡不明白，被誉为"泥精"的荣昌陶有着"红如枣、亮如镜、声如磬"的独特气质，具有千年历史，为什么不能跟这三种陶齐名？从此他便更加刻苦钻研，后来向制陶师傅杨学礼、翻制师傅左光文、模型师傅彭高先、教授罗明遥等多位老艺人学艺，博采众长。技术性和艺术性不断提升，作品深受业内外人士赞誉。他在安富陶器厂一干就是 20 多年，历任荣昌陶器厂技术科科长、荣昌陶器研究所所长。

那时的罗天锡已是远近闻名，不仅精通陶瓷工艺，对陶瓷生产各环节有相当深入的研究，而且擅长规模化运作和手工精品制作，始终坚持在继承传统的基础上创新，作品以造型新颖、挺秀灵巧、装饰手法独特而著称，充分展现了荣昌陶器的特点。

但好景不长，20世纪末，受市场经济的冲击，国有经济体制下的安富陶器厂因经营管理不善，入不敷出，于1999年正式破产改制。"金竹山，瓦子滩，十里河床陶片片，窑火烧亮半边天，窑公吆喝喊声远。"流传几百年的民谣，生动描述了荣昌陶过往的风光。昔日辉煌不在，荣昌陶也渐渐衰败沉寂。"陶器厂解体后，工人们都下岗了，设备也卖了，别说是发展，就连这个产业还能不能延续都是问题。"罗天锡痛心、无奈、惶恐。

罗天锡也不想放弃自己热爱的制陶手艺，几经考量之下，他到了成都一家台资企业担任技艺总监和厂长，专攻工艺美术陶。凭借过硬的专业水平，他在很短的时间就帮助这家企业打开了外销渠道，产品远销加拿大、美国等国家。但罗天锡一直牵挂着家乡，以及他的荣昌陶。

在安陶厂解体后，当地陶器产业一蹶不振，随着制陶人才的四处流散与老艺人的先后离世，造型设计、釉料制作、刻花工艺等独特的传统工艺渐渐失传，不能再生的资源——陶土只能被加工成低附加值的酒瓶酒罐，工艺美术陶几乎无人涉足。直到2005年，重庆市经委为了发展本地知名特色工艺品种，邀请在外的知名专家回乡。罗天锡接到电话后，一刻也不耽搁，交接完手中的工作在兴奋中以最快的速度辞职返乡，重振荣昌陶发展。回到荣昌便成立了"天锡陶艺工作室"，他创作出了《凤瓶》《龙瓶》《梅瓶》等系列作品，在重庆市工艺美术展上连获两个银奖。30件作品在《人民画报》《人民中国》《人民日报》《大公报》等刊物发表，并荣获10余项国家级，省、直辖市级荣誉，取得10项专利。罗天锡从艺以来先后承担市级研究项目20余项，近百件作品到英国、美国、法国、日本、德国、加拿大等20多个国家和地区做文化交流，110件作品获得省市以上奖励。

在罗天锡等一批老艺人的努力下，荣昌陶从原来附加值很低的酒瓶酒罐，开始一步一步向工艺美术陶转变。荣昌陶逐步形成文化内涵丰富、产品附加值高、产业链条完整的陶瓷产业。现在，荣昌是整个西南地区最大的陶瓷生产基地，荣昌陶销售到美国、德国、英国、荷兰等国家。

如今，荣昌的安富与江苏的宜兴、广东佛山的石湾并称"中国三大陶都"。

2012 年，荣昌大力实施一批重点工程，并正式提出建设荣昌陶文化创意产业园，重塑荣昌陶的盛景。作为中国四大名陶之一的荣昌陶器，是一代又一代老匠人薪火相传，艰苦努力换来的，如何助力荣昌陶器产业的发展？面对这样的命题，罗天锡每天都在思考。他开始利用自己区政协委员的身份，对广富园及安富周边共 10 余家主要陶瓷生产企业进行实地调研，提出了《关于加强陶土资源管理、促进陶瓷产业发展的建议》，建议加大力度对私挖滥采进行严厉打击，依法管理和合理开发陶土资源，科学定位陶瓷产业发展方向，为保护陶土资源的可持续开发立下了汗马功劳。

> 罗天锡："与'土'结缘的这 50 多年里，谈不上有多大贡献，总算实现了我的理想。"

在罗天锡的努力下，"硬件"措施在不断改进和完善，对于陶器文化传承人培养这个"软件"条件，他也时刻不敢松懈。"我都是 70 多岁的人了，时间对我来说很宝贵，传承与创新，更要紧的是培养接班人！"罗天锡在研究开发荣昌陶器传统经典产品的同时，开始注重培养接班人，这些年陆续有数十人跟随他学习深造，他耐心细致、毫无保留地传授自己的经验和技艺。

"我招学生有三点：一是要有干这行的天赋资质；二是要肯干，吃得苦；三是干了这行，就要一辈子干下去。"在罗天锡看来，这些外人觉得苛刻的条件都是能将传统陶艺传下去的基石。他说，要做一个真正的匠人，必须保持一颗匠心，热爱生活，热爱大自然，不断推陈出新，为岁月留痕。

"我早已习惯手握这方泥土的感觉，舍不得放下，也不敢放下，"谈到自己的这门手艺后继有人时，罗天锡感慨万分，眼里泛着泪花，"我这双手承载了太多老艺人的期望，现在唯一能做的就是要把传承中华文明的这份重任扛起来，把陶瓷制造工艺传下去。"

千年不熄的窑火，从汉代燃烧到今天，年逾古稀的罗天锡付出了全部的精力与热情，为早日实现荣昌陶的又一辉煌而添砖加瓦。

┃案例评价┃

　　罗天锡从事陶瓷专业工作 46 年，坚持不懈致力于继承传统和不断创新的研究与探索，精通陶瓷工艺，对陶瓷生产各环节有相当深入的研究和实践，擅长规模化运作和手工精品制造，善于把握传统与现代的结合，坚持在继承传统的基础上创新。作品以挺秀灵巧、装饰手法独特而著称，受到业内外人士的称赞，先后有 80 余件次作品到英国、美国、法国、德国、日本、加拿大等 20 多个国家和地区，参加我国对外文化交流和贸洽会；国家轻工业部多次下专文征集个人作品《凤形酒具》《龙瓶》等参加外展和作为国家对外馈赠礼品，为我国同世界各国的文化交流及友好往来起到积极的作用；1992 年，作为西南地区唯一代表，罗天锡参加 "中国青年陶瓷艺术家代表团"，出访日本。

　　几十年来，罗天锡先后接受市级研究项目 20 余项，并担任各项目的负责人和主创人员，1970 年到 2010 年，先后有 110 件次作品获省市以上奖励，30 余件次作品在《人民日报》《人民画报》《人民中国》《大公报》等刊物发表，40 余件作品进入博物馆，所设计包装的系列作品先后获国家金奖、银奖，并有 10 件套取得国家实用新型外观专利，由于其高质量的产品和认真负责的工作作风，而深得国内外客户的信任。

　　2005 年，罗天锡接受 "荣昌陶器传承开发" 市级项目，创办 "天锡陶艺工作室"，在继承传统的基础上，研究开发荣昌陶器高端产品，同时开展培养接班人工作，通过努力取得明显成效，为传承和发扬荣昌陶器作出了一定的贡献。

罗天锡：“我早已习惯手握这方泥土的感觉，舍不得放下，也不敢放下。”

｜人物引领｜

李守才，男，汉族，江苏省宜兴市人，陶器烧制技艺（宜兴均陶制作技艺）传承人，中国工艺美术大师，中国陶协陶瓷艺术委员会副会长、江苏省陶瓷艺术委员会副会长、江苏省工美系列中高级职称评委，省大师评审委员、江苏省有突出贡献的中青年专家、江苏省333第二层次（国内学术界、技术界具有重大影响的高级专家）全国优秀工艺美术专业技术人员、全国劳动模范。

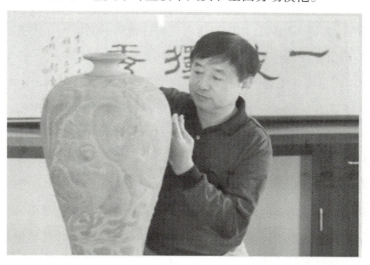

出生于1954年的李守才，18岁便进入宜兴均陶工艺厂学艺，18岁的他身高1.58米，体重83斤，看上去格外瘦弱，常被人误以为职工子女来给长辈帮忙，不是厂里的工人。当时，李守才被分配的工种是制作重达260斤的酒坛，室外的工作环境相当艰苦，做坯、晾晒、浇釉。骨瘦如柴的身板与硕大沉重的酒坛形成了鲜明的对比，一位厂办工作人员实在看不下去，主动在办公会议上反映李守才的情况。厂领导商议后，决定将李守才分配到出口陶车间的堆花组，跟随张浩元老艺人习艺。这时，李守才的人生算正式与堆花工艺结缘了。吃苦耐劳的李守才逐渐掌握了大拇指"拓、搓、行、捻、揿、琢、撕"等堆贴技法。慢慢在均陶坯体上堆贴出精美画面，或山水风光，或花草树木，或飞禽走兽，惟妙惟肖，形神兼备。经过数十年磨炼，在全面掌握大拇指堆花各技法的同时，也掌握造型设计、窑温烧制、配釉、色坭、施釉、装窑等一整套工艺，被誉为全国陶瓷艺术界的"堆花艺王"。

1985年，李守才接受了厂里下达的一项特殊任务：为无锡锡惠公园制作大型壁画《九龙壁》。《九龙壁》长27米、高4米，需用144块陶板拼合起来，其制作完全要靠堆塑技法完成。创作中，李守才大胆地将堆塑艺术用于堆花艺术，终于突破传统，创出了"半浮雕堆贴法"，增强了九龙壁的层次感和立体感。当《九龙壁》创作完成后，李守才继续探索前行。1991年，他前往中央工艺美术学院陶瓷工艺美术系学习，多次到北京故宫参观，从中汲取创作养分和灵感，创出了"立体浮雕堆贴法"。之后他又大胆借鉴剪纸、木刻、石雕、仿青铜器等民间艺术的表现形式，进一步丰富了创作技法。他研究数年，推陈出新，拥有国家知识产权专利20多项，开创了均陶日用陶器转向艺术陈设陶的先河，在传统均陶平堆饰手法的基础上，向半浮、浮堆与累雕相结合的多种技艺方向发展。这一系列的艺术突破，大大丰富了堆花工艺的文化内涵，使堆花艺术越发迷人。他先后赴中国香港、台湾地区、韩国、美国做文化艺术交流，并现场展演均陶堆花技艺，推动了宜兴均陶宣传和传播。其作品被中国国家博物馆、首都博物馆、中南海紫光阁、美国旧金山博物馆收藏。

"诚信做人、诚信作品"，是李守才从艺的座右铭。1987年，李守才接到帮中南海定做两套均蟠龙陶台的订单，在多次尝试中，硕大的台面都会出现不同程度的缩釉。为了更好地在中南海展示宜兴均陶艺术的魅力，李守才花半年多时间，先后创作了10套均蟠龙陶台，最终选出完美无瑕的作品送往北京。

20世纪90年代末，均陶行业陷入低谷，一批技法熟练的均陶艺人纷纷改行，300多名艺人最终只剩50余名，这些往事不仅让李守才无限感慨，更让他深深懂得以一己之力难以撑起一个技艺的发展，如何让均陶制作技艺在宜兴成为"参天大树"，传承成为题中之义。就这样他坚持信念，坚守阵地，把更多的精力投入堆花技艺传承方面，他深知有了优秀的人才群体，才能使均陶发展之路越走越宽。于是带徒授艺成了李守才的一大工作内容。改革开放以来，李守才自觉地承担起均陶薪火传承的神圣使命，陆续培养了 26 名均陶制作技艺人才，他还被聘为无锡工艺职业技术学院陶艺系兼职教授，被多所高等院校选作教育实习的兼职教授和实习指导教师，从陶艺理论和制作技艺上先后为 400 多名学生和从艺者授课，为宜兴均陶的发展与弘扬做出许多贡献。

　　带徒过程中，他严以律己，为人师表，从人品、艺品上言传身教。长年每天凌晨 4 点多起床后就到工作室工作，至晚上 6 点多才歇工。工作时也严格要求徒弟，他常教育徒弟："入门吃这碗饭，不懂要问，徒弟之间要互相交流，业务上要多看陶艺类的书，在掌握堆花技艺的基础上，要多创新品。"几十年来，李守才不仅自己始终坚持做到这一点，还要求徒弟严守这条底线。其中，徒弟杨俊现已成为江苏省陶瓷艺术大师、宜兴市十佳青年陶艺家、宜兴市陶都十佳女陶艺工作者、无锡市非遗代表性传承人。徒弟刘俊，也成为江苏省陶艺名人、宜兴市十佳青年陶艺家、宜兴市青年科技英才、宜兴市级非遗代表性传承人。另外，如王岳龄、吴娟、吴吉、张亮、宗根林、葛家瑜等，也在师傅身边练就了一手扎实而娴熟的基本功，现在他们成为传承均陶技艺的中坚力量，承担起承前启后的薪传任务，也带过多名弟子，正是这种薪火相传精神，构筑着宜兴陶瓷的文化山峰。有一次，他的徒弟、江苏省陶瓷艺术大师杨俊接到一对高 1.2 米松鹤朝阳瓶的订单，她精心创作了半个月，最终出窑时作品胎体表面却出现了细微的惊裂纹，再次尝试依旧如此。因为创作付出的精力已远远超过客户所支付的货款，懊恼的杨俊想放弃这份订单。在得知这件事后，李守才不仅和杨俊一起寻找失败的原因，还用自己从艺几十年的经历告诫她，诚信的价值不能用金钱来衡量。

　　今年 69 岁的李守才从事均陶堆花工作已 52 年，始终以"诚信做人，诚信作品"要求自己。"爱好、勤奋、坚持"六字是李守才对工匠精神的一种自觉践行。他在付出辛勤劳动和汗水的同时，也收获了无数荣誉。

> 李守才："诚信的价值不能用金钱来衡量。"

工匠知识小课堂

创新精神的培养和实践

工匠代表着一个时代的气质：坚定、踏实、精益求精。工匠不能都成为企业家，但大多数成功企业家身上都有"工匠精神"。工匠视技术为艺术，既尊重客观规律又敢于创新，拥抱变革，在擅长的领域成为专业精神的代表。

1.注重工匠培养，也就是注重人才培养。建筑行业专业门类众多、人才需求量大，培养工匠的条件优越、潜力巨大，企业应根据阶段性目标和长远发展目标，着力突破业内高层次技术人才引进难、产业技术工人匮乏、缺乏职业经理人和专业管理团队的"瓶颈"，

不断壮大人才队伍，在广揽人才的同时，有计划地选择一批有一定理论水平和实践经验的中青年骨干到高等院校、知名企业集中学习、培训，造就一批知识渊博、经验丰富、精明能干的复合型和创新型高级技术人才，注重培养一批高学历、高职称的技术型、科研开发型高级人才。

可以预见，通过大量高素质、高技能人才的引领，建筑业必将迎来工匠云集的黄金时代，实现行业发展水平的大提升。

2.注重精神培养。"工匠精神"体现的是一种用心、踏实、专注的气质和认真敬业、一丝不苟的态度。不可否认，在建筑行业，一些企业对"工匠精神"认识有缺失、有偏颇，在工程建设中急功近利、缺乏对质量细节的追求和把控，片面追求速度和效率，导致建筑工程存在质量缺陷，甚至一些常见的质量通病也不消除，损害了行业形象，让"工匠精神"回归成了行业在这个时代最迫切的呼唤。

因此，要加强"工匠精神"的培养，提高对职业、技能教育的重视，让行业从业人员意识到"工匠精神"的可贵，切实转变观念，把事业当作责任、把职业看成"天职"，

对所做的事情和生产的产品精益求精、精雕细琢，少一些急功近利，多一些认真持久，少一些粗制滥造，多一些优质精品。只有对质量精益求精、对技艺一丝不苟、对完美孜孜追求，建筑施工企业和建筑工人才会在建筑事业的天地中，有劳动成就和人生价值的获得感。

3.注重能力培养。"工匠精神"的核心是创新，随着互联网时代的来临，我们应该认识到，提倡开放、创新、创造的互联网思维，就是"工匠精神"和创新精神的结合。建筑施工企业要紧随日新月异的互联网时代，全力驱动创新，走在前列。

在创新过程中，高度重视、建立和发挥好技术中心的作用，推进与高等院校和科研院所的合作，研究开发关键性、前沿性技术，加大高新技术的推广应用力度，建立健全技术创新长效机制，推动建筑业向产业现代化、施工绿色化、建筑工业化、管理信息化、技术标准化和人才队伍专业化发展。

4.注重环境培养。良好的环境是培养工匠的沃土。

一是在生产一线鼓励技术工人总结实践经验，发明劳动小工具、钻研施工小窍门等，营造"干一行、爱一行、钻一行"的敬业氛围；

二是重塑和推广"师带徒"的传统育人模式，通过师徒传习将优良品行和精湛技术一代一代传承下去，使事业后继有人；

三是通过技能比武、技工家庭评选等活动，挖掘和发现建筑业技术匠人，并扩大培养教育的范围，造就大批能工巧匠；

四是健全和完善技术工人专业培训、等级认定、业绩考核的长效保障机制，使工匠在企业安居乐业；

五是不断提高技术工人薪酬福利待遇和改善奖励措施，真正使技术工人在企业受到尊重。

习近平："中华优秀传统文化代代相传，表现出的韧性、耐心、定力，是中华民族精神的一部分。"

1. 中国四大名陶分别是什么？

2. 要做一个真正的匠人，必须保持一颗匠心。请你谈谈对这句话的理解。

3. 刘更生收学生有三点：一是要有干这行的天赋资质；二是要肯干，吃得苦；三是干了这行，就要一辈子干下去。请问这对作为学生的我们有哪些帮助？

_____

_____

_____

_____

_____

第四节　古蜀风华，修旧如旧

---------------- 郭汉中

| 人物简介 |

郭汉中，三星堆博物馆陈列保管部副部长，文物修复专家。30 多年来共修复文物 6 000 余件，参与了三星堆 1 号、2 号祭祀坑的文物修复工作。他和师傅杨晓邬用几近绝迹的手工活儿，让青铜神树、青铜大立人等镇馆之宝重现风采。

| 人物故事 |

2022 年 8 月 17 日，三星堆文物保护与修复馆内一派忙碌景象。文物修复师正在清理 6 件新发现祭祀坑出土的文物，带领一帮年轻人工作的，正是郭汉中。只见他拿着竹签和毛刷，轻剔慢刷一件青铜人

郭汉中人物故事

头像上的泥土，神情庄严。

30多年前，郭汉中自己都没想到会干文物修复这一行。1984年，考古人员到三星堆西泉坎台地进行发掘时就住在他家里。作为帮手，郭汉中每天都跟着考古人员去现场打下手，懵懵懂懂就对考古发掘产生了兴趣。此后，郭汉中便跟着考古队的老师学习修复陶器，直到三星堆1号、2号祭祀坑出土大量青铜器急需修复人员时，便跟着著名青铜器修复专家杨晓邬"转行"。

50多岁的郭汉中话虽不多，但脑子灵活、喜欢琢磨，虽然以前没修复过青铜器，但有修陶器的基础，很快就成了杨晓邬的得力助手。

三星堆祭祀坑的文物大多经过焚烧和砍砸，保存状况不好，尤其是青铜神树，出土时已断裂成200多件残件。怎么修复？郭汉中和杨晓邬用了一个笨办法——根据文物的大致形态，将树干、果实、鸟等分门别类清理，再一件件将文物断裂的茬口进行拼对……就这样，两个人在一年多的时间里，让"粉碎性骨折"的神树重新"枝繁叶茂"。同样，青铜大立人出土时不仅断成两截，连底座也扭曲变形并多有缺失，而郭汉中和杨晓邬不仅让青铜大立人"站"了起来，还把变形的底座重新矫正，细致地补色，让观众几乎看不出青铜大立人曾经"身首异处"。

"修复文物，要有耐心，心细手细，急不得，要尊重文物。"简单的话语背后，是郭汉中数十年如一日的钻研。虽不是科班出身，但这些年郭汉中完全熟练掌握了文物修复中的整形、拼接、焊接、着色等环节。此外，他还注重把传统修复工艺与现代科技相结合，摸索出塑形雕刻、黄泥石膏翻模、浇铸铜铸件等先进工艺，提高了文物修复效率，避免了对文物的二次伤害。

2021 年 3 月起，三星堆新发现祭祀坑中的象牙开始不断被提取。为避免糟朽的象牙在提取时发生折断，郭汉中创新采用给象牙打高分子"绷带"的方式，让象牙全部安全出坑。说到下一步的文物修复工作，郭汉中有些兴奋地告诉记者："青铜神树上的龙目前缺了一条尾巴，但不久之后我们或许就能补上，因为在新发现的坑里已经发现了类似龙尾的遗物，我们期待这条龙以完整的姿态尽快出现在公众面前。"

> 郭汉中："文物几乎都是孤品，必须要有绝对的把握，才能动手修复。"

案例评价

自 2022 年"大国工匠年度人物"在江苏南京揭晓以来，四川广汉三星堆博物馆文物修复师郭汉中被聚光灯追逐的热度一直未减，慰问拜访、媒体采访……这位在近 40 年时光里潜心钻研文物修复的老匠人，迎来了职业生涯里最为紧凑的工作节奏。

16 岁入行至今，郭汉中修复文物超过 6 000 件，领导主持 10 余项省市级文物修复项目，三星堆青铜神树、青铜大立人等文物重器经他的手以近乎完美的姿态重见世人。令业界瞩目的成就让他一步步成长为今天的"大国工匠"，更是时光与技艺相互成就结出的硕果。"修物实为修身，修艺实为修心。"殊荣在身自不敢懈怠，接续传承，让更多古文物重现神韵，是郭汉中心中最朴素的愿望。

1984 年，郭汉中家里来了几位特殊的客人，他们是正在三星堆西泉坎台地进行发掘的考古人员。当时只有十几岁的初中生郭汉中充满好奇，天天跟着考古队打杂，懵懂间对文物发掘产生兴趣。聪明勤奋的他，很快被考古队看中，开始跟随专业老师学习陶器修复。

1986 年，三星堆发现 1 号、2 号祭祀坑，出土大量青铜器、玉器等珍贵文物，急需文物修复相关人才。有挖掘清理经验和陶器修复基础的郭汉中被调入四川省考古研究所，跟随文物修复大师杨晓邬走上文物修复之路。

作为三星堆博物馆的镇馆之宝，高 3.96 米、树干残高 3.84 米的一号青铜神树，是中国首批禁止出境的文物。但鲜为人知的是，从祭祀坑出土之初，神树只是一堆混杂着泥土的碎片，残损情况十分严重。在四川省文物考古研究院储藏青铜器碎片的隐秘小屋内，郭汉中和师傅杨晓邬用最传统的办法，根据碎片断裂缝隙结构，最大程度对神树残片进行拼接复合，修复周期长达近 7 年时间。"文物修复是一项孤独的工作，每一件器物的复原都需要修复者静下心、坐得稳。"郭汉中告诉《工人日报》记者，每一件文物的修复，都是一次漫长的摸索，自己仿佛在穿越时空、跨越千年向古人讨教。

文物修复技术的习得并不容易。清洁、拼接、整形、补配、随色、做旧 6 大工艺环环相扣，每一步都需要过硬的技艺、十足的耐心与专注，其中还涉及多学科、多工种的融合。而仅有初中学历的郭汉中，却在各个环节的文物修复技术方面，都有自己的独门绝技，成为省内外文物修复界公认的顶尖工匠。"技艺永远也学不完，人这一辈子能把一件事情做好，就不辜负来到这个世界短短的几十年。"郭汉中告诉记者，入行这么多年，为不断提高文物修复水平，他一直把自学、自练、自悟、自省作为自己的准则。除了购置、研读大量专业书籍资料，他一有机会就向同行专家教师请教。郭汉中对传统技艺的改良创新也得到业界普遍赞誉。2019 年末，三星堆新发现 6 座祭祀坑，坑内的象牙提取是一个难点。为避免腐朽的象牙提取时发生断裂损坏，郭汉中创新性地自制泥土清理和贴附加固等小工具，采用了给象牙打高分子"绷带"的蜡模固型加固方式，让上百根珍贵的象牙全部安全出坑，极大提升了发掘清理工作效率。

作为三星堆博物馆文物修复技术带头人，在做好自己工作的同时，郭汉中还充分发挥"传、帮、带"作用，向年轻同志悉心传授文物修复知识和实操技术，培养了一支作风硬、能力强、素质高的文物修复队伍。团队成员均成了行业内文物修复的技术骨干。2021年，郭汉中领衔成立了文物修复技能大师工作室，配备了多种先进精密的文保修复仪器，他带领团队通过现代科学技术提高工作效率，开展课题研究。这种师徒传承制，也让三星堆博物馆的文物修复水平和文物保护学术地位得到了长足发展。

"眼下三星堆6座新发现祭祀坑出土的文物举世瞩目，对于文物修复工作者也意味着更重的责任。"郭汉中告诉记者，文物修复工作专业跨度极广，高校毕业生进入岗位后仍需漫长的磨砺，工艺技法主要靠师承延续。他从1992年开始带徒弟，但最终能留下成为专业修复师的人并不多。他希望未来有更多年轻人参与进来，把这门手艺发扬光大。

> 郭汉中："小心谨慎、仔细耐心，充分运用工作经验，根据科学制订的方案一步步实施。一定不能着急，慢慢来，文物本身的安全才是最重要的。"

｜人物引领｜

樊锦诗，女，汉族，中共党员，浙江杭州人，1938年7月出生于北平（现北京）。曾任敦煌研究院院长，现任敦煌研究院名誉院长、研究馆馆员，兰州大学兼职教授、敦煌学专业博士生导师，长江文明考古研究院院长。

樊锦诗自1963年北京大学毕业以来已在敦煌研究所坚持工作近60年，被誉为"敦煌女儿"。她主要致力石窟考古、石窟科学保护和管理，是第八届至第十二届全国政协委员。2007年11月被聘任为中央文史研究馆馆员。2019年12月，享受副省部级医疗待遇，受甘肃省委委托，甘肃省委常委、省委组织部部长李元平看望"文物保护杰出贡献者"国家荣誉称号获得者、敦煌研究院名誉院长樊锦诗，宣读享受副省部级医疗待遇通知，颁发"甘肃省干部医疗保健证"，并转达习近平总书记、党中央和省委的关心关爱。

2018 年 12 月 18 日，党中央、国务院授予樊锦诗同志"改革先锋"称号，颁授改革先锋奖章，并获评文物有效保护的探索者；2019 年 9 月 17 日，习近平总书记，签署主席令，授予樊锦诗"文物保护杰出贡献者"国家荣誉称号；9 月 25 日，获"最美奋斗者"称号；12 月 6 日，获 2019 第七届"中华之光——传播中华文化年度人物"奖；2020 年 5 月 17 日，被评为"感动中国 2019 年度人物"；11 月，获得何梁何利基金科学与技术成就奖。

2020 年 12 月 29 日，长江文明考古研究院在武汉大学挂牌成立，"敦煌女儿"樊锦诗受聘为名誉院长。2023 年 5 月 4 日，樊锦诗回到母校北京大学，捐款 1 000 万元，设立樊锦诗教育基金 。

"莫高窟几乎所有洞窟都不同程度地存在着病害。"樊锦诗从踏上敦煌土地的第一天起就意识到了这一点。1998 年，已经 60 岁的樊锦诗从前院长任段文杰手中接过重担，成为敦煌研究院第三任院长。

上任不久后，樊锦诗就遇到了一件棘手的事情：1998 年左右，全国掀起"打造跨地区旅游上市公司"热潮，有关部门要将莫高窟捆绑上市。当时樊锦诗坚决不同意，"硬是把压力都顶了回去"。现在说起来，樊锦诗还是坚持当时的立场。"文物保护是很复杂的事情，不是谁想做就可以做的，不是我樊锦诗不想让位，你要是做不好，把这份文化遗产毁了怎么办？全世界再没有第二个莫高窟了，"她觉得自己有责任保护好祖先的遗产，"如果莫高窟被破坏了，那我就是历史的罪人。"

面对敦煌旅游开发的热潮，樊锦诗非常矛盾，敦煌作为世界遗产，应该展示给公众。可是这些洞窟还经得起过多人的参观吗？

大胆构想"数字敦煌"

为了保护莫高窟文物和缓解游客过多给壁画、彩塑带来的影响，敦煌研究院在2003年初开始筹建莫高窟游客服务中心。建成后的游客服务中心可以让游客在未进入洞窟之前，先通过影视画面、虚拟漫游、文物展示等，全面了解敦煌莫高窟的人文风貌、历史背景、洞窟构成等，然后再由专业导游带入洞窟做进一步的实地参观。"这样做不仅让游客在较短的时间内了解到更多、更详细的文化信息，而且极大地缓解了游客过分集中给莫高窟保护带来的巨大压力。"

樊锦诗另一个大胆构想是建立"数字敦煌"，将洞窟、壁画、彩塑及与敦煌相关的一切文物加工成高智能数字图像，同时也将分散在世界各地的敦煌文献、研究成果及相关资料汇集成电子档案。"壁画这个文物不可再生，也不能永生。"这促使樊锦诗考虑要用"数字化"永久地保存敦煌信息。

樊锦诗对促进敦煌文物的保护事业做出的贡献，得到了学术界的一致认可。学术大师季羡林在2000年敦煌百年庆典上极力称赞樊锦诗，他用了一个词：功德无量。

> 樊锦诗："舍半生，给茫茫大漠。从未名湖到莫高窟，守住前辈的火，开辟明天的路。半个世纪的风沙，不是谁都经得起吹打。一腔爱，一洞画，一场文化苦旅，从青春到白发。心归处，是敦煌。"

工匠知识小课堂

匠心传承精神的基本内涵

匠心精神是我们这个时代很需要的一种状态，它不只是用心、细致，把工艺做到极致，还要能体现时代感。

——蔡灿煌，青年艺术家、中国共产党成立100周年文艺演出《伟大征程》焰火总设计师

用养孩子的耐心来做产品，匠心就是"有耐心"，不急于求成。

——胡伟武，我国第一颗通用处理器"龙芯"总设计师

有匠心才有高超技艺，比如庖丁解牛，为什么能一刀下去，刀刀到位？因为庖丁熟悉了牛的肌理，自然懂得何处下刀。有匠心才有品质，奢侈品牌价格高昂，为什么还深受人们欢迎和追捧？如瑞士的手表、巴黎的时装等。有匠心才有传承，如青岛啤酒、贵州茅台等这些百年老字号，虽经历风雨仍屹立不倒。古语云："玉不琢，不成器。"工匠精神不仅体现了对产品精心打造、精工制作的理念和追求，更要不断吸收最前沿的技术，创造出新成果。

习近平："发扬严谨细致的工匠精神，一件一件来，久久为功，做出更大成绩。"

1. 郭汉中平时会逛博物馆吗？他最喜欢哪个时期的文物？

2. 郭汉中为什么对三星堆文明情有独钟？

3. 郭汉中对文物修复的新人有什么寄语？

后　记 **H**OUJI

在当今快速发展的时代，中职生作为国家技能人才的重要储备力量，面临着前所未有的机遇与挑战。为了更好地培养中职生的职业素养和工匠精神，提高其技能水平和竞争力，我们编制了本书。

我们的初心是希望通过本书，引领中职生深入了解工匠精神的内涵与价值，激发其对技能的热爱与追求。我们期望每个中职生都能够从书中汲取智慧与力量，在未来的职业生涯中，凭借精湛的技艺和执着的精神，实现个人价值与社会价值的双重提升。

在此，我们要向所有为本书编写工作做出贡献的同人表示衷心的感谢。感谢各位专家、学者提供的宝贵意见和建议，感谢编辑团队的努力与付出，感谢所有参与试读的中职生，你们的反馈让本书得以不断完善。

当前，中职生的现状既有挑战也有机遇。随着科技的不断进步，新的岗位和行业不断涌现，中职生需要不断提升自身的技能水平和适应能力。同时，社会对工匠精神的需求也越来越强烈，中职生在培养自己的职业技能的同时，也需要关注个人品质和精神层面的提升。

我们希望本书能够成为中职生成长路上的良师益友，陪伴他们感悟工匠精神，引领他们技能成才。愿每位中职生都能在未来的职业生涯中，用自己的技能和智慧为社会的发展做出贡献。